V
850

ÉCOLE PRATIQUE
DE
L'ART DU GLACIER

SEUL OUVRAGE EN SON GENRE

Qui traite, explique et démontre pratiquement l'Art du Glacier et l'Office, avec une économie de 50 à 80 0/0

INDISPENSABLE

Aux Maîtres-d'hôtel, aux Glaciers-Pâtissiers et Confiseurs, aux Chefs de cuisine, aux Valets de chambre
qui aspirent au titre de Maître-d'hôtel
Pour MM. les Propriétaires des grands cafés et restaurants et pour MM. les Épiciers
et Garçons de Café

PAR

MM. TELLIER ET PIGEON

GLACIERS ET OFFICIERS DE BOUCHE

MONTARGIS
IMPRIMERIE DE E. GRIMONT

1879

ÉCOLE PRATIQUE

DE

L'ART DU GLACIER

SEUL OUVRAGE EN SON GENRE

Qui traite, explique et démontre pratiquement l'Art du Glacier et l'Office, avec une économie de 50 à 80 0/0

INDISPENSABLE

Aux Maîtres-d'hôtel, aux Glaciers-Pâtissiers et Confiseurs, aux Chefs de cuisine, aux Valets de chambre
qui aspirent au titre de Maître-d'hôtel
Pour MM. les Propriétaires des grands cafés et restaurants et pour MM. les Épiciers
et Garçons de Café

PAR

MM. TELLIER ET PIGEON

GLACIERS ET OFFICIERS DE BOUCHE

MONTARGIS

IMPRIMERIE DE E. GRIMONT

1879

PROPRIÉTÉ DES AUTEURS

Droits de traduction et de reproduction réservés.

Tout exemplaire non revêtu de nos signatures sera considéré comme contrefaçon.

Et tout contrefacteur sera poursuivi suivant la rigueur de la loi.

MM

En publiant cet ouvrage, nous n'avons qu'un but; c'est de soustraire notre classe à l'exploitation que certaines maisons de commerce nous font subir, en nous imposant des sommes à payer, variant de 100 à 200 francs par mois, et cela en nous promettant de nous apprendre à travailler.

Nous faisons appel à votre conscience, et dites-nous franchement si vos sacrifices ont été couronnés d'un succès égal à vos dépenses ? Non, car on vous trompe sur les proportions à employer; on a mille moyens de vous éloigner au moment de la préparation des compositions et du travail.

Vous croyez avoir appris quelque chose, vos premiers essais ne réussissent jamais, vous vous lassez et vous abandonnez tout; car les difficultés vous semblent infranchissables. Tout cela, nous l'avons compris, et c'est pourquoi nous vous adressons cet appel, auquel vous ne manquerez pas de répondre en venant visiter notre laboratoire; et nous, de notre côté, nous nous engageons à vous démontrer le travail, avec une simplicité et un perfectionnement indiscutables. Une seule leçon suffira pour convaincre les incrédules. Nous, nous vous offrons vingt années de pratique dans les premières maisons, comme garantie de ce que nous nous engageons à vous démontrer, et pour prouver à nos adhérents l'exactitude de nos prescriptions.

PREMIÈRE LEÇON	TROISIÈME LEÇON
DEUXIÈME LEÇON	QUATRIÈME LEÇON

INTRODUCTION

Nous recommandons pour le travail des Glaces la plus grande attention et la plus grande propreté.

Avant de sangler votre sorbetière pour glacer, il faut que toutes vos compositions soient prêtes, si vous devez en faire de différents parfums. Si vous avez des crèmes à glacer, vous pouvez les préparer dès le matin ; elles seront froides au moment de glacer. Il ne faut jamais verser vos compositions, quelles qu'elles soient, chaudes dans votre sorbetière, sans quoi toute votre glace fonderait.

Lecteur ! Apprenez, si vous l'ignorez, que c'est le mélange du sel gris avec la glace qui produit la congélation. La proportion que vous devrez employer de sel est généralement pour 5 kilos de glace, 2 kilos de sel. Du reste, il n'y a pas de meilleur guide que votre composition. Vous voyez bien, une fois versée dans votre sorbetière sanglée, si elle prend bien ; à une poignée de sel près c'est une petite affaire.

On entend par le mot *sangler*, remplir de glace pilée et salée l'espace qui se trouve entre le seau et la sorbetière. Quand celle-ci est placée debout, et bien au milieu du seau, couvrez toujours votre sorbetière au moment où vous allez mettre la glace pilée et salée autour.

Votre sorbetière étant sanglée, découvrez-la et essuyez-la bien intérieurement et assurez-vous bien qu'il ne soit pas tombé de glace salée dedans, car toute votre composition serait perdue. Pour obtenir des glaces supérieures et bien fines, ne glacez jamais plus de 1 litre à 1 litre 1/2 de composition à la fois suivant la grandeur de votre sorbetière. Ayez soin que vos seaux soient toujours couverts d'une grosse toile ou d'une couverture de laine ou flanelle. De cette manière, vous ferez une économie de glace de 50 pour cent.

Voilà donc votre composition dans votre sorbetière sanglée, il n'y a plus qu'à la glacer. C'est ce que l'on appelle manipulation des glaces. Recouvrez votre sorbetière, commencez par tourner celle-ci pendant 5 minutes, découvrez votre sorbetière, détachez les parties attachées intérieurement avec votre spatule ou houlette ; recouvrez votre sorbetière, recommencez la même opération encore pendant 5 minutes, redétachez encore votre glace et contrariez votre congélation en la travaillant et l'écrasant contre les parois de votre sorbetière. Aussitôt que votre composition est liée, recouvrez encore votre sorbetière, tournez 5 minutes alors ; votre composition est lisse et a pris du corps. Redécouvrez et travaillez-la à la spatule ; alors votre sorbetière tournera seule à l'aide du mouvement que vous lui imprimez par ce mode de travail. Le procédé sera à renouveler chaque fois que vous ferez des glaces, n'importe lesquelles. Notez-le bien, c'est une fois dit pour toutes.

OBSERVATIONS

Lorsque vous avez plusieurs parfums à glacer, ayez autant de sorbetières sanglées à l'avance pour recevoir chaque sorte de glaces au fur et à mesure que vous les aurez glacées. Si vous faites des glaces au citron ou à l'ananas, à la fraise, cerise, ou framboise, commencez toujours par le citron ou l'ananas. Ces glaces doivent toujours être très-blanches. Vous ne pouvez pas les glacer après des compositions rouges, ce qui les teinterait, tandis que vous pouvez toujours glacer toutes espèces de glaces aux fruits après le citron et l'ananas. Nous ne parlons pas de l'orange, car la composition doit être teintée en rose tendre, comme du reste elle vous est expliquée plus loin.

Les figures représentées à la planche n° 1 sont les appareils indispensables aux glaciers. Le dessin n° 1 représente une turbine ; n° 2, sorbetière en fer battu ; n° 3, un rafraîchissoir utile pour les biscuits, les Comtesse-Marie et toutes autres glaces qui demandent à être démoulées et décorées à l'avance ; n° 4, houlette ou spatule ; n° 5, corne à ramasser ; n° 6, couteau à glace.

PREMIÈRE PARTIE

Glaces aux crêmes.

Nota. — Nous avons adopté comme base et pour faciliter le travail à nos élèves, la description de ce qu'il faudra employer pour obtenir un litre de composition qui, une fois glacée, sera la part de 8 A 10 PERSONNES.

Il sera donc facile à l'ouvrier de savoir au juste la quantité de composition qu'il doit faire, suivant le nombre de personnes qu'il aura à servir.

Exemple : De 12 à 15 personnes, faites 1 litre 1/2 de composition, ou si vous n'avez que 4 à 5 personnes, faites un 1/2 litre de composition, c'est-à-dire la moitié de chaque chose que nous indiquons. Suivez bien nos conseils, nous vous garantissons un éclatant succès et votre travail dépassera toutes vos espérances.....

Description des crêmes.

On entend par glaces aux crêmes, les glaces telles que vanille, café, chocolat, noisette, praline et pistache. Nous ne citons cette dernière que pour la forme, car en réalité elle ne se fait pas, du moins chez aucun glacier, par la raison que les pistaches coûtent très-chères et surtout que le parfum est à peu près nul. Aux glaciers qui vous diront qu'ils font des glaces à la pistache, vous pourrez répondre hardiment que ce n'est pas vrai. Ils font des glaces dites *à la pistache* au moyen du vert breton, mais la composition que l'on emploie à cet usage est dans les mêmes proportions que pour la crême vanille, c'est-à-dire 375 grammes de sucre, 8 jaunes d'œuf et 1 litre de lait. Vous émondez 50 grammes d'amandes et 50 grammes de pistaches que vous pilez bien ensemble et que vous mettez dans votre terrine avec vos jaunes d'œufs, et vous continuez l'opération comme pour toutes les glaces aux crêmes.

Règle générale pour faire cuire les crêmes.

Servez-vous toujours d'un poëlon d'office non étamé.

PROPORTION : Pour un litre de lait 8 jaunes d'œufs, 375 grammes de sucre en poudre, versez votre lait dans votre poëlon, posez-le sur un feu ardent et faites-le bouillir.

NOTA. — Nous conseillons de faire bouillir le lait seul pour toute espèce de glace à la crême, car si le lait venait à tourner et que votre sucre et votre parfum eussent été dedans, tout serait perdu. Pour le parfum, c'est une affaire de goût ; pour la vanille par exemple, on met généralement par litre de lait une gousse ou une demie gousse, suivant la grosseur. Si vous ne faites que de la vanille, après le premier bouillon subi par votre litre de lait, vous ajouterez la moitié de votre sucre et votre vanille que vous fenderez en deux. De cette façon, le grain de la vanille se mélangera plus facilement dans votre crême, ce qui est très-agréable à l'œil. Voilà donc votre lait, votre vanille et la moitié de vos 375 grammes de sucre qui bouent. Mettez dans une terrine vos 8 jaunes d'œufs et le restant de votre sucre, travaillez-les un peu pour les mélanger, versez un peu de votre lait bouillant, fouettez une seconde votre composition et versez tout le reste du lait sucré et parfumé toujours bouillant. Donnez quatre coups de fouet, laissez refroidir à moitié le tout et passez au tamis de crin, en ayant soin que les grains de la vanille ne restent pas attachés au tamis. Cette composition doit être faite plusieurs heures d'avance pour qu'elle soit bien froide au moment de la glacer.

De la glace aux amandes pralinées.

PROPORTION : Prenez 1 litre de lait, 375 grammes de sucre en poudre, 8 jaunes d'œufs, 240 grammes d'amandes douces, 10 grammes d'amandes amères, ou dites amandes flots. On peut n'en pas mêler, c'est affaire de goût.

Faites bouillir votre lait ; au premier bouillon, ajoutez la moitié de votre sucre et travaillez vos jaunes avec le reste de votre sucre. Versez votre lait sucré bouillant par dessus et maintenez cette composition chaude. Prenez vos 250 grammes d'amandes, mettez vos amandes émondées et bien essuyées dans un torchon sur une plaque ou feuille de papier d'office, mettez-les dans un four chaud et les faites griller un peu brunes. Pillez vos amandes dans un mortier, avec 2 ou 3 cuillères à bouche de votre composition, pour que vos amandes ne tournent pas en huile. Versez toute votre composition par dessus, laissez infuser 10 minutes et passez le tout au tamis de crin. Mettez dans un lieu frais jusqu'au moment où vous glacerez.

La GLACE A LA NOISETTE OU A L'AVELINE se prépare de la manière suivante :

Prenez 1 litre de lait, 375 grammes de sucre en poudre, 8 jaunes d'œufs, 250 grammes de noisette.

Faites bouillir votre lait; au premier bouillon, ajoutez la moitié de votre sucre ; travaillez vos jaunes avec le reste de votre sucre ; versez votre lait sucré bouillant par dessus et maintenez cette composition la plus chaude possible, mais il ne faut pas qu'elle bouille.

Prenez vos noisettes, émondez-les par le même procédé que pour les amandes et donnez-leur une couleur blonde au four. Pilez vos noisettes dans un mortier, avec un peu de votre composition, pour que vos noisettes ne tournent pas en huile. Versez le reste de votre composition par dessus, laissez infuser 10 minutes et passez le tout au tamis. Laissez le tout dans une terrine en grès, dans un lieu frais, jusqu'au moment où vous glacerez.

Glace au chocolat.

La glace au chocolat se fait de plusieurs manières, mais en pratique nous indiquons la *plus simple qui est toujours la meilleure.*

Nous ferons observer que cette glace diffère des autres, vu que le chocolat est un corps compact. Il vous faudra donc moins d'œufs. Exemple :

PROPORTION : Pour un litre de lait, 3/4 de livre de chocolat, 6 jaunes d'œufs, 250 grammes de sucre en poudre. Faites bouillir votre lait ; au premier bouillon, ajoutez la moitié de votre sucre ; travaillez l'autre moitié avec vos jaunes d'œufs, versez votre lait sucré et bouillant sur les jaunes et donnez un coup de fouet. Cette crème n'a aucun parfum, c'est ce que l'on appelle une crème neutre. Faites dissoudre votre chocolat très-lisse à part avec un décilitre de sirop de sucre vanillé à 25 degrés, une fois que votre chocolat est bien fondu, vous le mélangez à votre crème et vous passez le tout au tamis de crin. Mettez dans un lieu frais jusqu'au moment où vous glacerez.

Glace au café.

Pour 1 litre de lait, 8 jaunes d'œufs et 375 grammes de sucre.

Vous préparez cette composition comme celle à la vanille et nous vous engageons à mettre dans votre lait en ébullition un morceau de vanille entier, dans les proportions de 2 centimètres de gousse de vanille. Votre café aura un goût plus fin.

Nota. — Deux moyens pour parfumer cette glace sont employés : l'un avec de l'essence de café connu sous le nom de trablit, facile à se procurer, ou essence de café faite par soi-même. Comme nous l'indiquons plus loin, l'autre moyen est de faire bouillir son lait et la moitié de son sucre, le tenir en ébullition et griller légèrement 125 grammes de bon café moka que vous précipitez dans votre lait sucré et bouillant. Couvrez-le un instant, 10 minutes suffisent. Passez le tout au tamis de crin, remettez votre composition dans votre poêlon bien nettoyé et faites-lui subir un bouillon ; nous vous fesons observer que nous n'avons qu'un litre de lait et la moitié de notre sucre. Prenez le restant de ce dernier, travaillez-le avec vos 8 jaunes d'œufs et versez votre lait bouillant sur la composition, passez au tamis et mettez le tout dans une terrine et mettre au frais jusqu'au moment où vous glacerez. C'est ce que l'on appelle essence de café vierge; la couleur est pâle, mais avec un peu d'essence de café vous lui donnez la teinte que vous jugez convenable. Ne foncez jamais trop vos compositions.

Description pratique du Parfait au café.

Pour faire le parfait au café, glace qui est digne de ce nom, lorsqu'elle est bien faite, on emploie les proportions et on opère de la manière suivante :

Exemple : Pour 10 ou 12 personnes prenez 10 jaunes d'œufs, 1/4 de litre de sirop de sucre simple, pesant de 25 à 30 degrés au pèse-sirop froid, pour 1 fr. à 1 fr. 25 cent. de crème fouettée, la plus douce et de meilleure qualité, car le tout dépend de votre crème.

Opérez comme suit : prenez une grande terrine en grès et vernie, mettez dedans vos 10 jaunes d'œufs, fouettez-les un peu, puis vous y ajoutez votre sirop ; vous donnerez encore quelques coups de fouet. Passez le tout dans un tamis de crin, mettez votre composition dans un poêlon d'office, faites cuire au bain-marie en remuant de temps en temps avec une spatule de buis, vous reconnaissez que votre composition est cuite lorsqu'elle est presque compacte. A ce moment vous l'enlevez et vous la reversez dans votre terrine et vous fouettez jusqu'à ce qu'elle soit bien froide.

Nous conseillons de prendre une grande terrine pour éviter la perte des éclaboussures qui se font en fouettant et ensuite parce que le volume augmente lorsqu'elle est bien fouettée.

Voici donc ce que l'on appelle en terme de glacier, appareil ou pâte à Parfait.

Mélangez très-légèrement sans battre votre crème fouettée, votre parfait est fait, il ne reste plus qu'à le parfumer. Dans cette opération, 3 parfums sont employés : c'est de l'essence de café, de la vanille ou des amandes émondées, grillées, d'une belle couleur blonde foncé, moulues dans un moulin à café et saupoudrées dans votre composition ; parfumé avec de l'essence de café ou avec votre vanille en poudre, ou l'intérieur de la gousse.

Vous aurez un moule lisse, vous chemiserez l'intérieur de ce moule avec une feuille de papier d'office, de la manière suivante : faites un grand cornet de cette feuille de papier, coupez le bout pointu, introduisez-le dans votre moule et ayez soin que le papier s'adapte bien à l'intérieur, versez votre composition dedans pour éviter que votre parfait ne se sale pas, le moule doit être bien plein et mettre une ou plusieurs feuilles de papier dessus pour qu'il ferme hermétiquement. La contenance de votre moule à bombe lisse doit être pour 10 ou 12 personnes et même 14 au besoin, de 1 litre 1/2. Voilà donc votre parfait moulé, parfumé et fermé hermétiquement. Il ne vous reste plus qu'à le soumettre à la glace pilée, salée, et pour que votre parfait soit assez pris il faut qu'il reste au moins 2 heures 1/2 à 3 heures dans la glace avant de le servir. Pour le démouler, vous n'aurez simplement qu'à le mettre un instant dans un seau d'eau froide et le dresser sur une serviette et sur sa coupe ; pour retirer la feuille de papier une fois votre parfait dressé sur sa coupe, l'opération consiste à prendre le coin de la feuille à la base de la main droite et tournez la coupe de la main gauche.

Manière de faire les gaufres ou gaufrettes.

Les gauffres telles qu'on les fait chez les glaciers font pour ainsi dire partie indispensable du métier de glacier et doivent par conséquent être notées ici :

Ainsi pour faire des gauffres, prenez 250 grammes de farine de gruau tamisé, 250 grammes de sucre en poudre, 8 œufs entier, 60 grammes de beurre fin, 2 petits verres à liqueur de rhum.

MODE DE TRAVAIL : prenez votre farine, votre sucre et 4 œufs ; travaillez bien cette pâte pendant un quart d'heure avec une spatule ou cuillère de bois ; ajoutez après vos 4 autres œufs toujours entiers, retravaillez cette pâte pendant 10 minutes, ajoutez-y votre beurre que vous aurez fait fondre dans un bol d'eau très-chaude, inclinez légèrement votre bol, soufflez dessus, votre beurre tombera dans votre pâte. S'il y tombait quelques gouttes d'eau ne vous en effrayez pas, mettez vos 2 petits verres de rhum, retravaillez 5 minutes votre pâte et faites en sorte que votre pâte soit très-liquide, chauffez votre moule, donnez à vos gauffres une belle couleur et régulièrement cuites, coupez à l'aide d'un couteau les bavures d'après votre moule, détachez un peu votre gauffre, enroulez-la après un petit rouleau de bois gros comme le doigt ; du reste une seule leçon de 5 minutes vous mettra au courant. Cette leçon, nous vous la donnerons gratis autant qu'il sera en notre pouvoir.

DEUXIÈME PARTIE

Glaces aux fruits.

Pour faire toutes les glaces aux fruits sans exception, on emploie toujours du même sirop, c'est-à-dire sirop de sucre simple et sans aucun parfum. Sa préparation se fait par les proportions suivantes : 1 kilogramme de sucre blanc que vous mettrez dans un poëlon d'office non étamé; mouillez votre sucre avec 1/2 litre d'eau, mettez le tout sur un feu ardent; après quelques minutes d'ébullition, vous le pesez avec un pèse-sirop et quand il est arrivé à 25 degrés, vous retirez votre poëlon du feu et vous versez votre sirop dans une chausse en flanelle; cela a pour but de le clarifier et ne craignez pas de le reverser plusieurs fois. Nous conseillons d'avoir toujours au moins 1 litre ou 2 de faits à l'avance et même plus. De cette manière, si vous voulez faire des glaces aux fruits, vous le trouvez à votre disposition.

Règle générale pour les glaces aux fruits.

Les parfums que l'on emploie sont : l'orange, citron, ananas, mandarine, fraise ou cerise, framboise et groseille ou framboise seule, ou groseille seule, l'abricot, la pêche et le melon. Mais dans le commerce, on emploie toujours groseille framboisée, par proportion égale de chaque fruit.

C'est de la combinaison des glaces ci-dessus, avec toutes les préparations dites glaces aux crèmes, que l'on obtient toutes les sortes de glaces dont suit le catalogue des noms connus et pratiqués chez les différents glaciers de Paris.

Glace aux abricots pour 10 ou 12 personnes.

Pour les glaces aux abricots, leur chair étant trop compacte pour que l'on puisse peser cette composition, nous vous donnons la manière de la préparer comme suit :

PROPORTION pour 1 litre : 500 grammes d'abricots bien mûrs et passez-les bien sur un tamis de crin, 1/2 litre de sirop de sucre simple pesant 30 degrés, la quatrième partie d'un litre d'eau.

Vous opérez comme suit : une fois vos abricots passés au tamis de crin, mettez cette chair dans une terrine de grés, versez dessus votre sirop, mélangez bien le tout et vous lavez ce qui reste sur votre tamis avec votre eau. Ajoutez cela avec votre composition et placez dans un lieu frais pour glacer quand vous voudrez.

Glace aux pêches pour 10 à 12 personnes.

Cette glace se fait exactement de la même manière que la précédente.

PROPORTION : 500 grammes de pêches, 1/2 litre sirop de sucre et toujours à 25 degrés, la 4me partie d'un litre d'eau.

Opérez comme suit : une fois vos pêches prêtes, passez au tamis de crin et dans une terrine de grés, versez dessus votre sirop, mélangez bien le tout et vous lavez votre tamis avec votre eau, ajoutez cela à votre composition et mettez-la dans un lieu frais pour glacer au besoin.

Glace aux mandarines pour 10 ou 12 personnes.

PROPORTION : pour 1 litre 1/2, prenez 10 à 12 mandarines suivant grosseur, pour en obtenir le parfum, frottez une à une vos mandarines sur un gros morceau de sucre, sitôt que vous aurez frotté, râpez avec une râpe ou un couteau l'endroit et le sucre ainsi zesté, mettez-le dans une terrine, pressez par par-dessus vos mandarines et faites en sorte que votre composition pèse 21 degrés à l'aide du sirop et de l'eau, passez au tamis et glacez de suite.

Glace à l'ananas pour 10 ou 12 personnes.

PROPORTION : 1/2 litre de votre parfum d'ananas conservé comme il est expliqué ci-après, versez dans une terrine de grès, ajoutez sirop de sucre simple pesant toujours 30 degrés froid, puis à l'aide de ce sirop, de votre parfum et de l'eau, faites une composition pesant 21 degrés et environ le tout un litre 1/2. Cette composition étant composée de substances froides, nous vous recommandons de la faire au moment où vous voulez la glacer.

Glace aux cerises pour 10 ou 12 personnes.

Prenez 1 kilogr. de cerises dites Montmorency, retirez la queue et le noyau, passez le tout au tamis de crin et finissez avec du sirop, pesez votre composition à 19 degrés et 1/2 cuillère à café carmin breton ; si vous n'êtes plus au moment des cerises, employez des jus de cerises conservées, 3/4 de litre de jus et finissez avec du sirop comme il est dit ci-dessus, faites 1 litre 1/2 de composition et glacez à la Sorbetière.

Glace aux citrons pour 10 ou 12 personnes.

Grandeur du moule, 1 litre 1/2.

PRÉPARATION : prenez 6 citrons dont vous presserez le jus dans une terrine de grès et le zeste coupé très-fin de 2 citrons ; ajoutez 1/4 de litre d'eau et du sirop simple. Donnez à votre composition 21 degrés, passez le tout au tamis de soie et glacez.

Glace à l'orange pour 10 ou 12 personnes.

Grandeur du moule, 1 litre 1/2.

Prenez 5 oranges, 2 citrons et le zeste de 3 oranges, pressez dans une terrine votre jus et le zeste du sirop, et donnez 21 degrés ; passez le tout au tamis de soie, quelques gouttes de carmin breton et glacez.

Manière de faire des oranges, dites glacées, sans moule spécial.

Proportion pour 12 personnes : 1 litre 1/2 de composition telle qu'elle vous est expliquée ci-dessus. Le lecteur a compris qu'une orange ainsi préparée représente la part d'une personne, donc il vous faudra augmenter ou diminuer suivant le nombre des personnes que vous aurez à servir.

Opérez comme suit : vous prendrez une orange dans la main gauche, la queue en l'air ; si vous n'avez pas d'emporte-pièce, avec un couteau d'office, vous pratiquerez une ouverture à votre orange ; ceci fait, avec la queue d'une fourchette, vous videz l'intérieur de chaque orange très-proprement et sans crever votre écorce, tout le jus de vos oranges vous le mettrez dans une terrine de grès et c'est avec ce jus et du sirop ordinaire que vous ferez votre composition, toujours à 21 degrés. Sanglez une sorbetière, mettez dedans toutes vos oranges vidées ainsi que les petits morceaux d'écorce qui vont vous reservir ; il ne vous reste plus qu'à glacer votre composition très-lisse et très-ferme, avec quoi vous devrez remplir vos oranges et les reboucher avec le petit morceau que vous aviez retiré pour la vider. Ceci étant bien fait, les oranges n'ont pas l'air d'avoir été touchées. Vous remettez dans une sorbetière, toujours sanglée, chaque orange remplie de composition ; cette opération doit être faite au moins une heure 1/2 à deux heures avant de les servir.

Dressez-les en pyramides sur une coupe ou compotier.

Glace aux fraises pour 10 ou 12 personnes.

Un litre et demi de composition.

Nota. — Il faut tenir compte du sucre que contient ce fruit. Le jus étant plus ou moins épais, il suffit de mettre votre composition à 18 degrés.

Si vous faites cette glace au moment des fruits, voilà la quantité qu'il vous faudra employer et de quelle manière pour le nombre ci-dessus de personnes : 700 grammes fraises que vous écrasez sur un tamis, versez par-dessus le tamis 1/4 de litre d'eau et cela sur votre marc, et finissez votre composition avec du sirop ordinaire à 18 degrés. Ajoutez à cette composition une 1/2 cuillère à café de carmin breton, mélangez et glacez.

Si vous vous servez de jus de fraises conservé, il vous en faudra un 1/2 litre et comme la couleur de la fraise se conserve difficilement, au lieu d'une 1/2 cuillère à café de carmin, vous en mettrez une entière.

Glace groseille ou groseille framboisée.

Faite avec les fruits, il faut les employer en même quantité. Si l'on vous demande une glace à la groseille ou si l'on vous en demande une à la framboise, c'est toujours la même chose par la raison que pour l'une comme pour l'autre, les fruits sont toujours mélangés en proportion égale.

Si vous travaillez avec du jus conservé; pour 10 ou 12 personnes, faites 1 litre 1/2 de composition, prenez 3/4 de litre de votre jus, mettez-le dans une terrine de grès et à l'aide du sirop, donnez à cette composition 21 degrés et glacez.

Si vous êtes au moment des fruits, voici la quantité de fruits que vous devez employer 700 grammes de fruits mélangés, passez au tamis, et avec du sirop et 1/4 de litre d'eau, donnez-lui 21 degrés; ajoutez quelques gouttes de carmin.

Manière de faire un melon glacé avec un moule qui représente le fruit, ou sans moule, en se servant d'un melon naturel.

Ayez un beau melon, et de qualité supérieure, coupez-lui une tranche, videz l'intérieur. Si vous avez une sorbetière assez large, mettez votre melon vidé dedans, ainsi que la tranche. Si votre sorbetière n'est pas assez large, et comme il faut que l'écorce de votre melon soit glacée avant de le remplir; mettez-le dans une boîte à cuire les asperges et sanglez cette dernière.

Nota. — Ici c'est une question de goût : vous ferez une glace au fruit, ou à la crème, suivant le goût de vos maîtres, et une fois cette glace faite, vous emplirez votre melon ; remettez la tranche bien à sa place et servez. Nous ne pouvons pas vous fixer une quantité au juste, car cela dépendra de la grosseur de votre melon. Mesurez la contenance de votre melon une fois vidé, et vous serez fixé sur la quantité nécessaire. Généralement, chez les glaciers, on emploie le jus du melon avec du sirop simple. Votre jus mélangé avec du sirop, donnez à votre composition 21 degrés, glacez-la à la sorbetière ferme et lisse, emplissez-en votre melon, replacez la tranche et servez. L'illusion est complète.

Maintenant que nous avons les proportions et les compositions, plus la manière pour travailler les glaces aux crèmes et aux fruits, il vous est facile une fois qu'elles sont prises lisses et fermes dans votre sorbetière d'emplir un moule et de lui donner un des noms et formes qui sont décrits au catalogue, mais conformez-vous toujours aux combinaisons qui leur sont appliquées.

Fromages glacés

Séparez les couleurs sur la longueur. Les fromages glacés se font toujours dans un des moules à côtes représentés par la figure portant le n° suivant, et généralement on les emplit avec une glace à la crème et une glace aux fruits : le tout par proportion égale. On vous demande un fromage glacé pour 12 ou 14 personnes ; votre moule doit contenir 1 litre 1/2.

Exemple : Vanille et citron ; 3/4 de litre, glace vanille, expliqué page 4 ; 3/4 de litre, glace citron, expliqué page 11. Mais vous pouvez le faire avec un seul parfum. Cela est affaire de goût. Sanglez votre moule et faites prendre votre glace à la sorbetière, comme nous l'expliquons ci-dessus. Fermez et mettez à la glace au moins deux heures ; démoulez et servez.

Bombes

Une seule des glaces doit servir pour le chemisage, comme il est expliqué ci-dessous.

La bombe se fait toujours dans un moule représenté par le n° 8, planche 2.

On emploie toujours deux parfums, dont l'un à la crème et l'autre aux fruits.

Sanglez votre moule de manière à pouvoir le découvrir, chemisez-le avec un grand cornet de papier que vous ferez bien toucher contre les parois intérieurs. Faites prendre votre glace aux fruits à la sorbetière, chemisez votre moule jusqu'en haut de l'épaisseur du doigt, et quand votre glace à la crème sera glacée à son tour, remplissez votre moule, fermez et ressanglez au moins deux heures à la glace.

Pour démouler une bombe quand vous la chemisez avec votre cornet de papier, il suffit de tremper votre moule dans l'eau froide; vous enlevez après le couvercle et la glace sort sans difficulté, et servez.

Comtesse-Marie

Lecteurs, quand on vous commandera une Comtesse-Marie, vous ferez cette demande à quel fruit que l'on la désire. Nous entendons par là que le fruit que l'on vous désignera, c'est avec ce fruit que vous ferez votre glace, et c'est avec cette glace que vous chemiserez votre moule. La Comtesse-Marie a toujours une forme carrée. Le moule que l'on emploie est le même que pour le biscuit glacé. (Voyez la planche 2, au n° 10).

Nous supposons que l'on vous demande une Comtesse-Marie aux fraises, ou à tout autre parfum de fruit, voyez à la page 12, qui donne la description du fruit demandé.

Règle générale : Le chemisage emploie toujours le tiers de la contenance de votre moule :

EXEMPLE : Vous avez douze personnes, il vous faut un moule de 1 litre 1/2; il ne vous faudra donc qu'un demi-litre de glace aux fruits, avec quoi vous chemiserez votre moule et vous remplissez l'intérieur avec une composition à biscuit, telle qu'elle vous est expliquée ci-après, fermez hermétiquement et mettez 2 heures 1/2 à 3 heures à la glace salée. Avant de servir, démoulez dans une caisse en papier de la grandeur de votre moule, puis vous imiterez un décor avec des fruits de saison, ou simplement une petite grappe de raisin posée dessus.

Biscuit glacé à la vanille, pour 10 à 12 personnes, grandeur du moule 1 litre 1/2 de composition.

Prenez 1/2 litre de pâte ou appareil à parfait, page 6, plus 1 fr. 25 de crème fouettée, faites le mélange très-légèrement pour ne pas affaisser votre crème parfumée avec l'intérieur d'une gousse de vanille en poudre, versez ce mélange parfumé dans votre moule qui doit représenter un carré ou une brique dans le genre du n° 10 de la planche 2, fermez hermétiquement, il doit rester 2 heures 1/2 à la glace avant de servir ou à défaut de moule dans une caisse de papier que vous emplissez et mettez à la cave à glacer représentée par le n° 3 de la première planche, masquez toujours le dessus de votre biscuit avec une couche de glace à un fruit quelconque ou à défaut de glace au fruit, parsemez le dessus d'amandes grillées et hachées, et servez.

Dame blanche.

La dame blanche est une glace à la vanille telle que la composition est expliquée à la page 4 ; vous avez sanglé votre sorbetière et fait prendre la composition lisse et ferme.

EXEMPLE : si vous avez 10 ou 12 personnes, il vous faudra 1 litre 1/2 de composition. Comme la dame blanche se fait par deux compositions différentes, vous ferez 1 litre de composition à la vanille. Une fois glacé, vous incorporerez dedans, en la travaillant toujours dans la sorbetière, 1/2 litre d'appareil à biscuit tel qu'il est décrit page 15 et vous moulerez dans un moule à bombe lisse, n° 8, planche 2, sanglez votre moule, emplissez-le avec votre composition glacée, fermez hermétiquement près de 2 heures avant de servir.

Charlotte glacée pour 10 à 12 personnes.

Faites 1 litre de glace à la vanille, à la pistache ou praline ; glacez cette composition ferme, incorporez en la travaillant de 50 à 60 cent. de crème fouettée, mélangez dedans des fruits confits coupés en dés, ayez un moule n° 19, planche 3, uni, garni de biscuits ou massepains, ne sortez pas votre composition glacée de la sorbetière qu'au moment de servir, emplissez-en votre moule et servez.

Crème plombière. — **Figure du moule** n° 8, *planche 2.*

Si vous avez 10 ou 12 personnes, il vous faudra 1 litre 1/2 de composition dame blanche, telle qu'elle est expliquée ci-dessus. Ajoutez dans votre composition cerise 1/2 kilog de sucre, reines-claudes, ananas ou tout autre fruit confit que vous couperez en dés. Emplissez votre moule et sanglez 2 heures avant de servir.

Imitation d'Asperges en glaces.

Pour faire des asperges il faut avoir des moules qui les imitent (planche 4), ou un moule qui en représente une botte. Vous avez de la glace pistache (voyez glace pistache), vous en formez les pointes, et le reste avec de la glace vanille, fermez votre moule et sanglez-le 2 heures à la glace, démoulez et servez.

Sauce qui doit les accompagner dans une saucière : ayez de l'appareil à biscuit un peu liquide, parfumez au kirsch ou marasquin, posez seulement sur glace votre sauce, qu'elle soit froide mais pas glacée.

Médicis. — *Figure du moule n° 12, planche 3.*

Un litre représente la part de 8 à 10 personnes ; prenez un moule portant le numéro ci-dessus ; sanglez votre moule, chemisez-le avec de la glace à l'orange (page 11), remplissez l'intérieur avec de la dame blanche (p. 16), que vous parfumerez au marasquin, et ajoutez-y des petits morceaux d'ananas confits ; finissez de sangler et 2 heures à la glace ; démoulez et servez.

Abricotine. — *Figure du moule n° 12, planche 3.*

L'abricotine se fait dans le même moule que le Médicis. Préparez une glace abricot, telle qu'elle est expliquée page 10, et une glace plombière, comme à la page 16, mais sans fruits confits. Chemisez votre moule avec votre glace à l'abricot. Puis vous emplissez votre moule comme suit : une couche de plombière et une couche très-légère de marmelade d'abricot. Sur l'abricot, remettez une couche de plombière, et ainsi de suite, jusqu'à temps que votre moule soit plein. Cette opération se fait les moules dans la glace. Fermez hermétiquement une fois plein et sanglez deux heures avant de servir.

Pudding Choiseul. — *Figure du moule n° 8, planche 2.*

NOTA. — Toutes les compositions que vous parfumez avec des liqueurs alcooliques doivent rester trois heures sanglées dans la glace avant de les servir.

Préparation : Pour 12 à 16 personnes, un litre 1/2 de crème plombière, préparez comme il est dit page 16, que vous parfumerez au kirsch ou tout autre parfum alcoolique.

Mettez dans une terrine 30 centimes de crême, fouettez, sucrez fort avec du sucre en poudre (dit glace de sucre) ; parfumez au kirsch et servez dans une saucière.

Brésilienne. — *Formes des moules à employer :* nos 12, 13, 19.

Toujours un litre 1/2 pour 12 personnes. Chemisez un moule à l'ananas et remplissez l'intérieur d'appareils à parfait, tel qu'il est expliqué à la page 6 ; vous remplacez le parfum par du kirsch ; faites en sorte de mélanger des petits morceaux d'ananas ou tout autre fruit confit dans la composition qui forme l'intérieur de votre moule. Sanglez, et 3 heures dans la glace avant de servir.

Bombe espagnole. — *Figure du moule* n° 8, *planche* 2.

Faites une glace à la praline, page 4, chemisez votre bombe avec, une fois prise, lissez et glacez à la sorbetière et chemisez votre moule ; remplissez l'intérieur de votre bombe avec du parfait au café, page 6, fermez bien, resanglez 3 heures à la glace et servez.

Maltaise. — *Forme des moules, figures* nos 12, 13, 14.

Chemisez un de ces moules avec de la glace à l'orange, emplissez l'intérieur d'une composition à parfait que vous aurez préparée comme à la page 6. Au lieu d'être au café, parfumez ce parfait avec du zeste de mandarine, obtenue par le procédé expliqué à la page 10. Nous rappelons ici, comme pour toutes les glaces, que leur composition se fait à l'aide d'appareil à parfait, que ce dernier ne s'emploie jamais sans crème fouettée ; ainsi pour 1 litre 1/2 de maltaise, 3/4 de litre de glace à l'orange et 3/4 de parfait compris la crème fouettée, le tout sanglé 2 heures avant de servir.

Micali. — *Figures nos 11, 12, 13.*

Un litre de composition représente la part de 8 à 10 personnes.

Le micali se fait ordinairement dans un moule ovale un peu évasé et dont le fond représente un ananas ou autres fruits, sanglez votre moule, garnissez le fond de glace ananas telle qu'elle est expliquée à la page 11, les parois de votre moule avec de l'appareil à parfait parfumé au kirsch, ajoutez quelques cuillerées de confiture de Bar dedans et laissez 2 à 3 heures à la glace, démoulez et servez.

Nota. — Chez les glaciers on coiffe le haut du micali avec une couronne de papier dentelle, les ronds de papier assiette servent à cet usage, enlevez le blanc, votre couronne se trouve toute prête.

Nelusko.

Prenez un moule à côte comme pour les fromages et sanglez-le, faites la moitié de sa contenance de glace au chocolat, page 5, chemisez-le avec l'autre moitié de glace pralinée, page 4, pour l'intérieur, sanglez et 2 heures après vous pouvez le servir.

Composition des gelées alcooliques avec fruits naturels ou confits comme décors pour entremets.

Exemple : Assurez-vous de la contenance de votre moule, cela vous fixera la quantité de composition que vous aurez à préparer de la manière suivante :

Proportion : Pour 10 à 12 personnes il faut un moule de la contenance de 1 litre 1/2.

Faites dissoudre 30 grammes de gelatine comme suit : lavez-la à l'eau froide et une fois bien molle, vous la placez dans un vase en faïence (un pot à confiture peut être employé à cet usage), une fois votre gelatine dans votre pot avec 5 centilitres d'eau filtrée, vous placez celui-ci dans une casserolle, vous versez de l'eau autour et vous créez un bain-marie, placez le tout sur un feu modéré et une fois la dissolution opérée, prenez un litre de sirop pur sucre cuit à 30 degrés. Froid, placez ce sirop dans une terrine versez en mélangeant votre gélatine, le mélange opéré placez-le dans un grand poëlon d'office et remettez sur un feu modéré, cassez un blanc d'œuf, fouettez légèrement, précipitez dans votre composition, remuez bien et au premier bouillon, versez le tout dans une chausse en flanelle, laissez filtrer sans pression et alors quand le tout est froid, vous ajoutez le parfum demandé (kirsch, rhum, marasquin ou autre), si votre composition venait à se troubler, il faudrait la filtrer au papier, après quoi, vous incrustez votre moule dans la glace pilée très-fine. Versez dedans une couche de votre composition, laissez-la prendre, après placez les fruits symétriquement et reversez une couche de composition et ainsi de suite en intercalant les fruits et la gelée. Une fois votre moule bien plein, couvrez-le avec une ou plusieurs feuilles de papier et regarnissez votre moule avec de la glace nouvelle et 2 heures après vous pouvez servir. Votre composition doit peser 21 degrés.

Nota. — Au moment ou vous clarifiez avec le blanc d'œuf, il faut ajouter à la composition un jus ou deux de citron, cela facilite la clarification.

Autre procédé employé dans le haut commerce

Pour un litre 1/2 de composition, prenez 4 grammes de colle du japon (on la trouve chez les droguistes), placez-la dans un poëlon d'office avec environ 1/2 litre d'eau filtrée, que l'eau soit bouillante, cela n'influe en rien, placez sur un feu modéré, faites bouillir et dissoudre toujours en remuant avec une spatule, cela est un peu long à fondre nous vous en prévenons, aussitôt fondu versez dedans votre sirop de sucre, passez le tout à la chausse avant le refroidissement et parfumez suivant votre goût avec essence ou jus fruits clair ou rhum, kirsch ou marasquin, incrustez votre moule dans de la glace pilée très-fine, 1 heure après vous pouvez servir, décorez toujours vos gelées avec des fruits naturels ou confits, et toujours sucrés à 21 degrés.

TROISIÈME PARTIE

Sorbets 15 degrés. — Granites 18 degrés

Les sorbets ou granites sont des boissons très-recherchées et fort appréciées, les différentes sortes en sont très-nombreuses. Beaucoup d'entre eux se ressemblent tellement qu'il arrive très-souvent qu'il n'y a pas de différence que le nom que telle ou telle maison leur attribue. C'est pourquoi nous nous contentons de ne donner ici que ceux qui servent de base à tout ce qui porte le nom de sorbets ou granites. Règle générale des sorbets ou granites : la différence qui existe entre eux et les glaces aux fruits, et celle-ci, c'est que les sorbets ou granites ne doivent peser que 15 à 18 degrés au pèse-sirop. Ainsi l'on vous demande des sorbets à un fruit quelconque, voyez à la table des glaces aux fruits, là vous trouverez la page qui traite la glace aux fruits que l'on vous aura désignée, vous en préparez la composition telle qu'elle vous est expliquée, au lieu de donner à votre composition 20 ou 21 degrés, vous lui donnerez 14 ou 15 degrés. Vous verserez votre composition dans votre sorbetière qui aura été sanglée à l'avance, vous prendrez les mêmes précautions comme pour une glace, et vous fermerez votre sorbetière, vous la tournerez pendant cinq minutes après quoi vous détacherez la partie prise de votre sorbet d'après la sorbetière, recouvrez celle-ci, il est inutile de tourner constamment la sorbetière, retournez-la cinq minutes encore, redétachez les parties adhérentes aux parois de votre sorbetière. Attendez dix minutes comme la première fois et continuez ainsi jusqu'au moment où toute votre composition aura pris un corps ferme, donnez quelques coups de spatule, mais ne lissez pas trop vos sorbets ou granites car ils doivent toujours être un peu grenés et remplis de petits glaçons.

Voilà pour tous les sorbets aux fruits sans exception, le mode de travail que vous devez suivre, si vous ne les servez pas de suite, il faut égouter l'eau du seau à l'aide de la broche et resangler votre sorbetière et la couvrir avec une couverture de laine.

Les sorbets se servent toujours dans des verres, n'importe lesquels.

Pour toute espèce de sorbets alcooliques, connus sous le nom de sorbets au kirsch ou punch à la romaine, il faut toujours qu'une glace à un fruit quelconque en soit la base.

EXEMPLE. — Punch à la romaine, un litre servira pour 10 personnes.

Faites 3/4 de litre de composition de glace à l'orange, au citron ou à la mandarine telle qu'elle vous est expliquée à la page qui traite ces sortes de glace dans les glaces aux fruits et qui devra peser 21 degrés. Une fois prise lisse et ferme dans votre sorbetière, vous la laissez reposer et 3/4 d'heure avant de servir, vous fouettez trois blancs d'œufs en neige très-ferme ; une fois battu, vous ajoutez en mélangeant très-légèrement 1/2 livre de sucre en poudre passé au tamis de soie (ou glace de sucre). Voilà votre glace dans la sorbetière glacée. Ajoutez en petite quantité vos blancs d'œufs battus et sucrez, opérez ce travail très-légèrement car le punch doit être léger et volumineux, alors une fois arrivé à ce point vous ajoutez prudemment le rhum qui doit le parfumer et une fois parfumé, vous n'avez plus qu'à le verser dans des verres exprès, le mettre sur un plateau et servir, mettez toujours vos petites cuillères sur une soucoupe au milieu du plateau.

Voilà ce qui s'appelle punch au rhum ou sorbets au rhum.

Les sorbets au kirsch ou à tout autre parfum alcoolique se traitent de même, il n'y a de différence que le parfum. Renfermez vous bien dans nos proportions, n'y changez rien sans quoi vous ne réussirez pas.

OBSERVATION. — Beaucoup de nos confrères ont l'habitude d'incorporer de la meringue italienne, cela est mauvais et il faut être plusieurs pour réussir, ce système offre des ennuis que nous supprimons par notre mode de travail.

Café glacé

Le café glacé se sert beaucoup dans les soirées, il faut toujours le servir dans des tasses à café et non dans des verres comme le font beaucoup de glaciers et toujours mettre la tasse sur sa soucoupe et avec la petite cuillère.

Préparez 1/2 litre de bon café moka bien fort, une fois fait, laissez-le refroidir, après ayez 3/4 de litre de crème fraîche et double, sucrez le tout de 6 à 7 degrés suivant le goût et les habitudes de ceux que vous servez. Mélangez le tout et versez-le dans votre sorbetière, sanglez avec un peu moins de sel que d'habitude, laissez-le de dix à douze minutes sans y toucher, après quoi vous détachez ce qui est pris, puis vous le recouvrez, après 1/4 d'heure recommencez à le détacher et laissez-le finir de prendre, mais il ne faut pas lui donner trop de corps, il ne doit pas être trop lisse ni trop compacte, versez dans vos tasses et servez vivement.

Chocolat glacé

Faites fondre 3/4 de chocolat dans un demi litre de sirop de sucre à 30 degrés une fois bien fondu et bien lisse, ajoutez un litre de lait de première qualité et après quoi vous versez le tout dans votre sorbetière et finissez comme pour le café glacé, servez de même.

Sorbets Marquises au champagne

Faites 3/4 de composition de glace à l'orange, ajoutez le jus d'un bon citron, donnez à votre composition 21 degrés, laissez infuser les zestes vingt minutes; passez le tout au tamis de crin, versez votre composition dans votre sorbetière et glacez-le à fond comme pour une glace. Une fois bien prise, lisse et ferme, attendez une demi heure, après quoi retirez la broche de votre seau, laissez écouler l'eau, resanglez votre sorbetière un quart d'heure avant de servir, incorporez une bouteille de champagne par petite partie, et servez, une fois pris, dans un bol ou dans des verres à sorbets.

Sorbets Marquises à l'ananas

Même procédé que ci-dessus, avec cette différence qu'au lieu de faire une glace à l'orange, vous faites une glace à l'ananas et finissez comme ci-dessus.

Les sorbets au Porto, au Malaga, Kérès malvoisie, ou tout autre vin d'Espagne se font de la même manière que les sorbets marquises, excepté le champagne.

Sorbets au marasquin, à l'anisette ou à la chartreuse

Préparez une composition de glace à la vanille, faites-la prendre dans votre sorbetière, et dix minutes avant de servir, vous la parfumez avec un des parfums ci-dessus.

Voilà Messieurs, dans toute leur simplicité, la composition des sorbets ci-dessus désignés.

Un litre représente la part de dix personnes. Servez dans des verres comme du reste tous les sorbets. Vous pouvez ajouter, si vous le voulez, un peu de crème fouettée, cela les rend plus légers, quarante centimes par litre suffisent, mais c'est facultatif.

La glace vénitienne ou tout autre sujet

On peut imiter avec de l'eau colorée toute espèce de socles, tels que corbeilles, paniers ou tout autre sujet, suivant les moules que l'on possède ; pour cela il suffit de les incruster dans de la glace salée comme pour sangler. Une fois ceci fait, l'eau se glacera elle-même et vous formera le sujet désiré. Ces moules étant à charnières, le démoulage en est très-simple.

Pendant que votre socle se congèle, vous aurez fait une ou plusieurs compositions, suivant votre goût, et une fois prise dans votre sorbetière, vous lui donnerez la forme que bon vous semblera, soit bombe ou fromage à côtes, ou toute autre forme. Une fois moulés, resanglez-les toujours, et au moment de servir, vous n'avez plus qu'à les dresser sur leur socle.

Ces moules sont toujours pourvus d'une large douille intérieurement ce qui permet, au moment de servir, de placer un bout de bougie allumé, cela illumine votre socle et produit une surprise facile à comprendre. Il y a des socles à gradins, alors pour ceux-là il faut que vous ayez moulé vos glaces dans des moules à 1/2 glaces, tels qu'ils sont représentés à la planche n° 4, et ne les démouler qu'au moment de les dresser sur les gradins, et servez.

Compotes d'ananas au vin de champagne

Parez à vif un ananas, coupez-le en tranches minces par le travers, placez vos tranches dans un légumier en argent, sanglez-le avec de la glace faiblement salée, prenez toutes vos pelures d'ananas et pilez-les dans un mortier avec du sucre en morceau. Une fois bien pilée, passez le tout au tamis, ajoutez à votre sirop l'intérieur d'une 1/2 gousse de vanille, c'est-à-dire rien que les grains et le jus de deux oranges, donnez à votre composition 21 degrés, ajoutez une 1/2 bouteille de champagne ou tout autre vin ou liqueur alcoolique suivant votre goût et la quantité d'ananas que vous ayez. Versez le tout sur vos tranches et laissez bien refroidir, dressez sur des compotiers et placez-les sur la table.

Bavaroise au chocolat pour 12 ou 15 personnes

Quand vous aurez une Bavaroise à faire, commencez d'abord par prendre pour une 1/2 livre de chocolat, 4 grammes de colle du Japon, placez cette colle dans un poêlon, faites la dissoudre avec 1/4 de litre d'eau; quand elle sera réduite et bien fondue, il ne vous en restera guère plus de deux cuillères à bouche, cela est long à fondre; faites la dissoudre à l'avance, mettez dans une casserolle votre chocolat en petits morceaux, ajoutez 33 centilitres de sirop sucre vanillé pesant 30 degrés, une fois bien fondu et bien lisse, ajoutez votre colle, mélangez bien votre appareil, passez le tout au tamis de crin dans une bassine ou terrine, placez sur glace, tournez le pour bien le lier; quand vous voyez qu'il commence à prendre, vous lui incorporez petit à petit, 60 centimes de crème fouettée très-douce et très-ferme, faites le prendre encore un peu, puis versez le tout dans un moule à entremets, sanglez dans de la glace, laissez le au moins une heure et demie avant de servir, trempez votre moule dans de l'eau chaude et dressez votre bavaroise sur sa coupe ou plat et servez sans trop vous presser.

Dans le cas où vous n'auriez pas de colle du Japon, prenez pour la quantité ci-dessus vingt grammes de gélatine fondue et clarifiée.

Les Bavaroises et leur composition

RÈGLE GÉNÉRALE. — En incorporant de la colle du Japon dans les proportions suivantes : quatre grammes par litre de compositions dites aux crèmes telles qu'elles sont expliquées dans la première partie de notre livre, plus cinquante centimes de crème fouettée, vous obtiendrez une bavaroise à laquelle vous donnerez le nom de la crème ou composition que vous aurez préparée ; à défaut de colle du Japon, vous pouvez vous servir de dix feuilles de gélatine dissoute et clarifiée ; le moment d'ajouter la colle ou gélatine, c'est avec les jaunes d'œufs avant d'y verser votre lait sucré, parfumé et bouillant. Ce mélange fait, fouettez un peu votre composition cinq minutes, passez-la au tamis de crin et terminez votre bavaroise comme il est expliqué à la page précédente (Bavaroise au chocolat, 1 litre de composition avec sa crème fouettée peut servir pour douze à quinze personnes).

Nota. — La crème fouettée ne s'ajoute qu'au dernier moment et une fois votre composition bien froide, le mélange doit s'opérer très légèrement et le tout fait avec attention. Mais procurez-vous toujours de la colle du Japon, ce qui est supérieur à toutes les gélatines ou colle de poisson.

Grog Américain tel qu'il se fait dans les cafés et distilleries de 1er ordre, pour 4 litres de grog.

1 litre et quart de rhum ordinaire, 10 centilitres de curaçao, 10 centilitres de jus de citron ou citronade, 1/4 de litre de sirop de sucre simple, eau de fontaine ou de gouttière que vous aurez fait bouillir et fait refroidir 1 litre, mélangez le tout dans une terrine, ajoutez 1/2 litre d'infusion de thé très-fort et froid, colorez la masse avec du caramel de sucre, faites en sorte que votre grog soit d'une belle couleur foncée, filtrez le tout au papier et mettez-le en bouteilles pour vous servir au besoin.

Punch chaud.

1 litre 1/4 d'infusion de thé très-fort et bien chaud, les 3/4 d'un litre de rhum tafia, 1/4 de litre d'eau-de-vie ordinaire, frottez sur un morceau de sucre le zeste de 2 citrons, râpez le sucre dans votre composition, sucrez avec du sirop suivant le goût, filtrez le tout et chauffez toujours avant de servir mais ne laissez jamais bouillir.

Vin chaud.

Placez dans un poëlon d'office 1/2 litre de sirop simple, 3 clous girofles, un peu de cannelle, faites bouillir le tout, versez dedans 3 bouteilles de vin rouge, laissez chauffer, mais ne pas faire bouillir, sitôt qu'il blanchit retirez-le du feu, servez et dans chaque verre mettez une tranche d'orange, ou de citron au naturel.

Chocolat pour Soirée

Prendre 2 livres de chocolat Menier ou autre de première qualité, le mettre dans une casserolle ou poëlon, faites fondre votre chocolat avec un verre d'eau et quand il est bien fondu et bien lisse, ayez fait bouillir à part 4 litres de bon lait, au premier bouillon ajoutez une livre sucre, laissez-le fondre et ajoutez votre lait par petite portion dans votre chocolat toujours en le remuant, de cette façon jamais il ne tournera. On peut ajouter une gousse de vanille entière, servez dans des tasses sur plateau et faites passer.

Base de tous les sirops, proportions à employer. — Sirop simple ou Sirop de sucre

5 kilog de sucre blanc, eau filtrée 2 kilog 250 grammes, 1 blanc d'œuf. Placez dans votre bassine le sucre, l'eau après quelques bouillons, pesez votre sirop avec un pèse sirop. Nous vous recommandons les pèse-sirops de Prévost, n° 21, rue Caumartin, à Paris, leur dosage est d'une régularité à toute épreuve et ils sont très-petits, ce qui facilite l'ouvrier dans les petites quantités. Aussitôt que votre sirop marquera 27 degrés, vous battrez bien le blanc d'œuf dans un peu d'eau pris sur votre quantité et mélangez-le au sirop, écumez-le bien et après quelques bouillons il devra marquer 28 degrés, alors versez le tout dans une chausse en flanelle, laissez-le refroidir dans une terrine et mettez-le en bouteilles.

C'est ce sirop qui s'emploie pour les glaces aux fruits et les parfaits; mais si vous faites du sirop de sucre pour le cuire au cassé ou à un degré inférieur, ne le clarifiez pas car vous ne pourriez jamais l'amener à la cuite désirée, le blanc d'œuf le fait sortir du poëlon et imite le lait qui s'enfuit.

Sirop de gomme

3 kilog de sucre blanc, 1 kilog 500 grammes d'eau, 1 blanc d'œuf, gomme

blanche 500 grammes que vous faites dissoudre dans 500 grammes d'eau filtrée. Il faut faire dissoudre votre gomme avant de commencer, car c'est très-long à fondre et il faut l'agiter souvent avec une spatule de bois ; enfin, votre gomme une fois bien dissoute doit imiter le miel épais.

Placez votre bassine avec le sucre et l'eau sur un bon feu, faites votre sirop simple comme il est expliqué ci-dessus et une fois qu'il marque de 28 à 30 degrés, versez dedans votre gomme et remuez-la bien pour qu'elle ne s'attache pas au fond de votre bassine, au premier bouillon, versez-le tout dans une chausse en flanelle, laissez refroidir et mettez-le en bouteilles. On peut l'aromatiser avec 60 grammes d'eau de fleur d'oranger, mais c'est facultatif et affaire de goût.

Sirop d'orgeat

Amandes douces, 500 grammes, amandes amères 160 grammes, sucre blanc, 3 kilog, eau filtrée 1,625 grammes, eau de fleur d'oranger ordinaire 250 grammes.

OPÉRATION. — Emondez vos amandes avec de l'eau bouillante pour leur enlever leurs pellicules, Pilez vos amandes très-fines et par petite partie à la fois mouillez-les avec un peu d'eau, pour qu'elles ne tournent pas en huile. Une fois bien pilées, délayez la pâte dans presque toute votre eau, passez le tout par expression, repilez encore ce qui reste de votre pâte et redelayez-la avec le reste de votre eau, faites en sorte que tout votre sucre soit en poudre grossière. Placez-le dans votre bassine, versez pardessus votre lait d'amandes, placez le tout sur un feu doux, remuez de temps en temps, après deux ou trois bouillons, versez-le dans une terrine, laissez-le refroidir, il se formera une croûte cristallisée sur la surface. Vous enlèverez ces cristaux, les ferez dissoudre dans votre eau de fleur d'oranger, mélangez le tout et votre sirop blanchira, mettez en 1/2 litre ou en demi-bouteille, bouchez bien et couchez toujours vos bouteilles à la cave.

Les sirops de groseilles, cerises, de mûres, de coings, de framboises, de pommes, d'oranges et de limons, se traitent comme suit :

Pour un litre de jus conservé il faut toujours deux kilogs de sucre blanc cassé en petits morceaux.

Vous placez dans votre bassine votre sucre, après versez dessus votre jus le tout sur un feu modéré, et après quelques bouillons versez le tout dans une chausse, laissez refroidir et mettez en bouteille et à la cave.

Cuisson du sucre

Il faudra que l'ouvrier étudie avec attention et se perfectionne lui-même dans la cuisson du sucre par un petit sacrifice, c'est-à-dire qu'il place une livre de sucre dans un poêlon, qu'il verse 1/2 litre d'eau, qu'il place le tout sur un feu modéré et qu'il fasse bouillir. Après quelques bouillons il trempera son doigt dans son sucre, ce qui restera après son doigt en le collant contre le pouce et en les écartant, s'il se forme un filet, c'est que le sucre est à la nappe, encore quelques bouillons ce filet aura plus de consistance il est à la grande nappe, et quelques bouillons le sucre forme une espèce de morve et reste collé au doigt même après l'avoir trempé dans de l'eau froide, alors il est au boulet ; quelques bouillons encore, renouvelez l'opération, ce qui s'attache au doigt est plus compact et on peut en faire une boule, c'est le boulet. Après quelques minutes le sucre est au petit cassé, aussitôt après vous retrempez le doigt dedans, le précipitez vivement dans l'eau ; l'on entend un crépitement, c'est le grand cassé, alors vous portez vivement le sucre sous la dent, il doit casser net. C'est à ce moment que l'on retire le poêlon du feu. Ici, reste à savoir ce que vous voulez faire de votre sucre. S'il est destiné à faire des caramels, vous le versez sur un marbre légèrement huilé et vous avez à l'aide de règles en fer formé un carré ; versez sur le marbre votre sucre et si vous parfumez avec une essence quelconque, vous en versez quelques gouttes dessus, mélangez légèrement en repliant le sucre deux ou trois fois sur lui-même et laissez le sucre reprendre son carré, sitôt que vous posez votre doigt sur votre sucre et qu'il marque à peine, coupez à l'aide d'un emporte-pièce, détachez les morceaux et placez de suite dans des boîtes fermées hermétiquement. Si vous les mettez dans des bocaux, ayez une petite boîte renfermant de la chaux vive en poudre et percez le couvercle de plusieurs trous, cela empêche de passer le sucre et de coller.

NOTA. — Il faut toujours, quand l'on cuit du sucre, avoir soin de tenir les parois du poêlon très-propres. Vous obtenez facilement ce résultat à l'aide de votre doigt trempé dans de l'eau fraîche et en frottant vivement votre doigt contre les parois du poêlon. Sans ces précautions, les gouttes que l'ébullition envoie contre l'intérieur carameliserait et colorerait votre sucre, et le ferait grainer. Quand vous ne mettez pas de glucose, il faut toujours mettre une goutte d'acide acétique au commencement de votre opération.

Oranges et cerises glacées au cassé

Les oranges devront être nettoyées et bien propres. Une fois débarrassées de leur écorce et de tous les fibres, et séparées par quartiers, ayez des brochettes Enfilez toutes vos oranges après, déposez-les ainsi embrochées sur un tamis.

Les cerises seront naturelles ou à l'eau-de-vie. Séchez les avec un torchon très-propre ou à la bouche de l'étuve.

Cuisez une quantité suffisante de sucre au cassé tel que nous l'expliquons à la cuisson du sucre page précédente, retirez votre poêlon de sur le feu, trempez vivement vos oranges dans votre sucre, ou vos cerises et piquez droite votre brochette soit sur un pot rempli de sable, ou toute autre chose, laissez le fruit ainsi embroché jusqu'à complet refroidissement. Placez-les sur vos assiettes ou enfermez-les dans une boite hermétiquement fermée, mais nous conseillons de ne pas les glacer plus d'une 1/2 heure à l'avance ; ainsi, elles seront plus belles et bien meilleures. On peut de cette manière glacer toute espèce de fruits : tels que raisin par quatre grains ou groseilles en grappes, les fruits confits peuvent être glacés également et servir à garnir des assiettes ou des coupes, mêmes des corbeilles en nougat, croque-en-bouche et autres, suivant la volonté.

Caramels fondants ou mous au chocolat, café, thé, citron, oranges, menthe ou tout autre parfum.

RÈGLE GÉNÉRALE. — Prenez un grand poêlon d'office. Placez dedans 500 grammes sucre blanc, 200 grammes d'eau, et 40 grammes de glucose ; cuisez le tout au petit cassé.

Pendant que votre sucre cuit, vous aurez fait dissoudre 120 grammes couverture de chocolat ou chocolat sans sucre ou cacao en poudre dans 16 centilitres de crème double fraîche et bonne à fouetter. A défaut de crème, ajoutez dans votre chocolat 65 grammes de beurre fin. Ce mélange bien opéré vous produira une crème lisse et épaisse. Quand votre sucre est cuit au petit cassé, versez dedans votre crème. Sitôt que vous opérez votre mélange, il faut toujours le remuer, en ayant soin de ne pas toucher les parois, modérez bien votre feu et ramenez votre sucre au grand boulet ou petit cassé.

Versez sur un marbre, laissez un peu refroidir, passez dessus un mandrin cannelé en longueur et en largeur, puis coupez avec l'emporte-pièce. Placez vos caramels sur une feuille de papier buvard pour les dégraisser.

Pour les caramels au café, thé et tout autre parfum, il faut toujours mettre dans une livre de sucre 40 grammes de glucose ou sucre de froment; au moment où vous placez votre poëlon sur le feu, ne changez rien dans la proportion de crème ou à défaut du beurre, comme il est dit plus haut, et finissez comme ceux au chocolat.

Le Fondant et la Glace royale

Prenez une quantité de sucre blanc raffiné, mouillez-le dans un poëlon d'office et mettez-le sur un feu ardent. Lorsque votre sucre sera arrivé presque au boulet, arrêtez votre cuisson en versant le sucre sur un marbre, armez-vous d'une spatule en bois ou en cuivre étamé. Lorsque votre sucre est presque froid, vous travaillez votre fondant en mettant les bords dans le milieu et en écrasant bien votre sucre sur le marbre; après quelques minutes de travail votre sucre blanchira et formera comme une pâte molle, arrêtez le travail et placez votre fondant dans une terrine et couvrez-le avec un linge humide.

Lorsque vous voudrez glacer des petits-fours, vous n'aurez qu'à prendre un petit poëlon, mettez dedans du fondant et quelques gouttes de sirop simple, placez le tout à feu doux, remuez bien et faites une pâte lisse, coulante, mais conservant toujours son corps. Trempez dedans vos petits-fours après avoir parfumé suivant votre goût, et donnez toujours une couleur en rapport avec le parfum. Si vous désirez une couleur blanche il faut toujours ajouter quelques gouttes de bleu d'azur, sans quoi le blanc aurait une teinte grise. Placez vos petits-fours sur une grille sitôt trempés dans le fondant, et après soumettez-les un instant à la bouche de l'étuve et dressez, puis servez.

RÈGLE GÉNÉRALE. — Il faut toujours mettre une couche très-légère d'une gelée quelconque ou d'une marmelade, où, à défaut de l'un ou l'autre, humectez vos petits-fours que vous voulez glacer avec du sirop pour faciliter au fondant de s'adapter après.

NOTA. — Si vous avez des petits-fours à la crème à glacer, gardez-vous vous bien de les tremper dans du fondant chaud. Alors vous prendrez une demi livre de glace de sucre passé au tambour et deux blancs d'œufs, travaillez bien votre pâte et quand elle sera molle, parfumez-la et masquez votre petit-four garni avec, cela s'appelle glace royale. S'il arrivait que votre pâte soit trop épaisse, ajoutez du blanc d'œuf avec précaution et soumettez toujours l'objet glacé à l'étuve.

QUATRIÈME PARTIE

—⋅⋄⋄⋄⋅—

Procédé Appert pour la conservation des compotes et des jus

Ce procédé est sans contredit le meilleur de tous et c'est pourquoi nous croyons être agréable en en donnant la description.

Emplissez simplement vos bouteilles à larges goulots des fruits que vous voulez conserver, en vous conformant aux observations qui sont décrites à chaque fruit. Versez dessus du sirop cuit à 25 degrés. Bouchez fortement et ficelez avec un fil de fer ou une ficelle comme pour le Champagne, enveloppez-les avec du foin, de la paille ou des torchons, couchez-les ou tenez-les debout cela dépend de la dimension que votre chaudron aura. Versez dessus de l'eau froide jusqu'à trois centimètres au-dessus des bouteilles, poussez la chaleur jusqu'à l'ébullition et laissez continuer l'ébullition le temps indiqué à l'article qui traite le fruit que vous conservez.

Le travail pour conserver les jus des sucs des différents fruits demande une attention et des soins tout particuliers ; les fruits doivent être cueillis frais du jour ou de la veille au plus et par un temps sec.

Écrasez vos fruits sur un tamis qui sera posé sur une terrine de grès verni ; quand vous avez obtenu votre jus, passez-le à la chausse ou sur plusieurs tamis à claire-voie ; mettez-le en bouteilles, bouchez hermétiquement et donnez-lui 15 minutes d'ébullition par le système Appert, tel que nous l'expliquons ci-dessus, et après goudronnez vos bouteilles et les mettez à la cave. Le moyen de conserver le jus s'applique à tous les différents fruits sans exception : du bouchage et de l'ébullition seuls dépend la parfaite réussite.

Conserve d'ananas pour glaces.

Ayez un ananas d'une moyenne grosseur, coupez-le en dés ou tranches, mettez ces tranches ou dés dans un mortier, pilez-les très-fin avec une livre 1/2 de sucre en morceaux ordinaires, ajoutez un 1/2 litre d'eau filtrée, passez le tout au tamis de crin.

Ceci fait, vous avez des bouteilles semblables à celles dont on se sert pour les conserves de tomates et d'une contenance d'un 1/2 litre ou de 1/4 de litre, emplissez-les de la composition qui a été passée au tamis, bouchez, ficelez et enveloppez-les d'un linge ou de foin, les mettre dans une bassine assez grande ou une boîte à cuire les asperges ; les précautions ci-dessus indiquées sont utiles et indispensables, car elles ont pour but d'éviter les chocs que l'ébullition doit produire et éviter la casse.

Voilà votre bassine où sont toutes vos bouteilles rangées, si vous les avez mises debout il faut que l'eau froide monte au moins aux 3/4 de leur hauteur. Si vous les avez couchées, il faut que l'eau froide soit au moins 2 centimètres au-dessus ; mettez votre bassine sur un feu très-ardent et faites-leur subir 10 minutes d'ébullition, retirez votre bassine du feu, laissez vos bouteilles dans cette eau jusqu'à complet refroidissement, mettez-les en cave pour vous en servir au besoin.

C'est ce que l'on appelle conserves d'ananas pour glace ou parfum d'ananas conservé.

L'abricot et la pêche se traitent et se conservent comme l'ananas.

Conserve de coings pour glaces.

Que votre fruit soit très-sain et cueilli un jour ou deux avant sa maturité, essuyez bien vos coings avec un torchon, râpez-les bien jusqu'au noyau, vous soumettrez votre jus à la presse ou pressez votre jus au travers un tamis, laissez reposer votre jus deux jours dans votre terrine, tirez-le au clair et en bouteilles ; bouchez comme il est dit plus haut et 15 minutes d'ébullition.

Conserve de fraises pour glaces.

Prenez par kilogramme de fraises de bois 500 grammes de sucre en poudre que vous travaillerez dans une terrine, passez le tout au tamis, mettez-en en demi-bouteille (les bouteilles à champagne sont très-commodes), bouchez, ficelez, et 15 minutes d'ébullition et à la cave. Faites de même pour les jus de cerises, de groseilles et framboises, comme nous l'expliquons ci-dessus.

Blanchissage des fruits et reverdissage des reines-claude

Procurez-vous de l'eau de rivière ou de fontaine ainsi qu'une ou plusieurs grandes terrines suivant la quantité de fruits que vous voulez blanchir. Pour opérer deux cents prunes, il vous faudra dix litres d'eau. Dans cette eau, faites dissoudre 25 centimes d'alun de roche, une fois votre eau alunée, prenez vos prunes et coupez-leur un peu la queue ; vous aurez plantées dans un bouchon une dizaine de grosses épingles, piquez vos prunes sur toutes les parties et placez-les tout à fait dans votre eau. Quand vous aurez tout piqué, versez-les dans votre bassine, placez-la sur un feu doux, remuez très-légèrement pour égaliser la chaleur et quand vous ne pouvez plus tenir la main dans l'eau vous retirez votre bassine de sur le feu. Alors vous avez une certaine quantité de feuilles de vignes et quelques grappes de verjus, vous les placez sur le dessus de l'eau vous laissez vos prunes ainsi se refroidir. Le lendemain matin, vous enlevez toutes vos feuilles et remettez votre bassine avec la même eau ainsi que vos prunes sur un feu très-doux. Ne précipitez pas le reverdissage. Vous remuez légèrement vos prunes comme il est dit ci-dessus et sitôt quelles seront bien vertes et quelles monteront à la surface, vous les enlèverez avec un écumoir et vous les placerez dans de l'eau de rivière ou de fontaine glacée ou la plus froide possible. Pour les raffermir ne craignez pas de changer l'eau quatre à cinq fois et en grande quantité. Voilà le blanchissage terminé. Egouttez sur des tamis toutes vos prunes et après vous les placez dans des bouteilles à larges goulots ou dans des bocaux si vous les mettez à l'eau-de-vie ou si vous faites des conserves ; une fois vos prunes dans vos bouteilles, versez par dessus du sirop simple, mais pur sucre et cuit de 22 à 25 degrés, bouchez hermétiquement et donnez leur sept minutes d'ébullition par le système Apport. Voilà la conserve faite. Cachetez vos bouteilles, couchez-les pendant un mois et après debout à la cave.

Pour les prunes à l'eau-de-vie vous les rangez dans des grands bocaux et vous préparez la liqueur comme suit : Procurez-vous de l'alcool Montpellier fin goût, un litre je suppose, ajoutez un quart de litre d'eau de gouttière ou de rivière que vous aurez fait bouillir et refroidir, filtrez le tout au papier, versez par dessus, un mois après sucrez vos fruits avec du sirop pur sucre suivant votre goût, mais il ne faut pas qu'ils le soient de trop.

NOTA.— Tous les fruits verts se traitent de la même manière. On peut remplacer les feuilles de vignes par des feuilles d'épinards ou feuilles de bruyères, les fruits blancs eux, au contraire, il suffit d'aluner l'eau du blanchissage et ils se terminent de suite.

Pour les fruits jaunes beaucoup de personnes suppriment l'alun et le remplacent par dix centimes de sous-carbonate de potassium.

On appelle donner une façon à des fruits, c'est de faire du sirop de sucre à 25 degrés et le laisser à moitié refroidir puis placer ces fruits dedans et le ramener à une chaleur approchant l'ébullition ; mais il ne faut pas laisser bouillir vos fruits dans le sirop arrivé à ce degré de chaleur, versez le tout dans des terrines vernies, douze heures après sortez avec précautions vos fruits de dedans le sirop, placez-les sur un tamis et remettez le sirop sur le feu, ramenez-le à 25 degrés et replacez vos fruits dedans ; mais nous vous le disons bien, deux façons sont rarement exigibles surtout pour les conserves au sirop ou à l'eau-de-vie. La pratique vous démontre ce qu'aucun livre ne peut faire.

Mirabelles

Procurez-vous des mirabelles quand elles ont atteint leur grosseur, qu'elles soient très-fermes, jaunes et un peu avant leur maturité, prenez-les d'une grosseur régulière. Vous aurez légèrement aluné votre eau, comme pour les reines-claude, vous les piquerez comme celles-ci et sitôt piquées vous les jetez dans l'eau alunée. Ceci fait, prenez votre bassine de cuivre, placez dessus un tamis, versez dedans toutes vos prunes, placez votre bassine et l'eau dans quoi étaient vos fruits sur un feu modéré, faites tiédir votre eau versez dedans vos prunes, laissez-les un instant, après quoi replacez la bassine sur le feu, la chaleur augmentera et vous les remuerez légèrement, sortez-les à mesure quelles monteront à la surface et jetez-les dans des baquets d'eau de rivière et très-froide, changez plusieurs fois l'eau, laissez reposer une heure dans la dernière eau froide après quoi égouttez-les bien, emplissez vos bouteilles à conserves, versez du sirop à 25 degrés froid, et 7 minutes d'ébullition; que vos bouteilles soient toujours bien bouchées.

Abricots

Procurez-vous des abricots peu mûrs et très-fermes, piquez-les, fendez-les en deux, placez-les dans de l'eau alunée comme pour les mirabelles, c'est-à-dire légèrement alunée. Opérez comme pour le blanchissage des mirabelles une fois blanchis, rafraichis et égouttés, ayez du sirop chaud en suffisante quantité et ne pesant que 21 à 22 degrés dans une bassine très-propre, mettez dedans vos abricots et replacez votre bassine sur un feu modéré, ne laissez pas bouillir, mais amenez le tout presque bouillant, versez le tout dans une terrine de grès vernie, laissez refroidir.

Emplissez vos bouteilles à conserves versez dessus du sirop à 25 degrés, cassez des noyaux et mettez quelques amandes dans vos conserves, finissez comme les mirabelles en leur donnant le même temps d'ébullition.

NOTA. — Si vous voulez faire des abricots à l'eau-de-vie il faudra les conserver en entier et à l'aide de deux incisions que vous pratiquerez d'un côté et de l'autre de votre fruit, vous en ferez sortir le noyau facilement avec la pointe du couteau, placez-les dans des bocaux et emplissez avec la même liqueur que pour les reines-claude.

Pêches

La chair de ce fruit étant poreuse et très-fragile, si l'on poussait trop à la chaleur elle tomberait en marmelade. L'ouvrier devra s'en méfier, comme le noyau tient à la chair de ce fruit, blanchissez-le avec le noyau, mais piquez-le bien jusqu'à celui-ci, finissez comme pour les abricots et surveillez bien le blanchissage. On les met à l'eau-de-vie entières ou en conserve fendues en deux identiquement comme l'abricot et cinq minutes seulement d'ébullition.

Poires.

Ayez une certaine quantité de poires dites d'Angleterre ou autres bonnes à cuire, placez-les dans une bassine avec de l'eau qu'elles en soient bien couvertes, placez votre bassine avec vos poires sur un feu ardent, après quelques bouillons la peau s'enlèvera facilement, enlevez-la vivement, déposez-les à mesure dans de l'eau alunée comme pour les mirabelles, blanchissez-les jusqu'au moment où vous pourrez les traverser facilement avec une brochette, retirez-les et placez-les dans de l'eau glacée de fontaine ou de rivière, changez-les plusieurs fois d'eau pour les raffermir et après emplissezen vos bocaux ou bouteilles, finissez comme pour les mirabelles et donnez leur sept à dix minutes d'ébullition.

Cerises.

Ayez une quantité de belles cerises Montmorency ou Anglaise à courte queue, piquez-les, coupez leur la queue et placez-les dans une terrine, à mesure faites du sirop simple et vanillé, quand il marque 25 degrés au pèse sirop arrêtez sa cuisson.

Si vos fruits sont un peu mûrs, contentez-vous de verser le sirop dessus vos cerises, laissez-les refroidir et après mettez-les dans des bouteilles à compotes, arrangez-les bien de manière qu'il y tienne le plus de fruits possible, versez dessus votre sirop bouchez-les hermétiquement, ficelez et cinq minutes d'ébulition système Appert, goudronnez toujours vos bouteilles et couchez-les, à la cave après un mois vous pouvez les tenir debout.

Framboises et fraises ou groseilles égrenées.

Se préparent comme les cerises, mais si vous voulez obtenir un beau et bon résultat il faut leur donner deux façons ; la première avec du sirop à 21 degrés, six heures après, versez doucement vos fruits sur un tamis de crin placé sur une terrine, pas par trop à la fois pour ne pas les écraser, replacez vos jus et sirop sur le feu, donnez-lui 25 degrés, emplissez vos bouteilles et finissez comme pour les cerises, seulement avec trois petites minutes d'ébullition, avec des fruits qui ont atteint leur grosseur, mais pas mûrs ; les fraises se lavent dans de l'eau citronée cela conserve leur couleur, ou avec du vin blanc.

Gelée de groseilles

Ayez une certaine quantité de groseilles, ajoutez toujours le quart de blanches et 100 grammes de framboises à la livre, mettez vos groseilles dans votre bassine avec un verre d'eau par quatre à cinq kilogs de fruits. Placez le tout sur un feu modéré, remuez sans cesse avec une spatule pour éviter de brûler, quand elles seront bien crevées et quelles frémiront, versez le tout sur des tamis au-dessus de plusieurs terrines. Laissez filtrer votre jus sans le presser. Une fois passé, si vous ne le trouvez pas assez clair, versez-le dans une chausse en flanelle et ajoutez une livre de sucre cassé en petit morceaux par livre de jus, replacez votre bassine sur un feu un peu vif et cuisez votre confiture à la nappe, cinq minutes avant que votre confiture ne soit cuite, versez dedans vos framboises, remuez de temps en temps pour abaisser le bouillon. Une fois cuite, versez le tout sur un tamis au-dessus d'une terrine et emplissez vivement vos pots. Laissez reposer deux jours et après couvrez-les avec une feuille de papier trempé dans de l'alcool et recouvrez-le dessus avec un autre papier attaché avec une ficelle, conservez en lieu sec et frais, mais pas à la cave. On peut aussi parfumer sa gelée en plaçant les framboises dans un tamis et cuire à fond sa gelée. Versez-la sur vos framboises, le goût de framboise sera plus prononcé.

La gelée de cerises se fait de la même manière, au lieu de faire crever vos cerises, vous les soumettez à la presse et vous vous servez du jus, mais il faut avoir soin d'ajouter pour trois litres de jus de cerises, un litre de jus de groseilles ; finissez la cuisson comme ci-dessus, mais sans framboise et toujours livre de jus par livre de sucre.

Autre manière ou système de Bar

Prenez deux kilogs de groseilles blanches et rouges plus ou moins mélangées par parties égales.

Pesez cinq livres de sucre en pain cassé et mettez-le dans un grand poëlon d'office ou dans une bassine. Faites cuire votre sucre au cassé, vous avez égrené vos grappes de groseilles, vous les versez dans votre sucre, retirez votre bassine, laissez dissoudre à feu doux, faites lever un bouillon couvert, versez le tout dans une chausse en flanelle au-dessus d'une terrine en grès et mettez cette gelée dans des pots de confiture de Bar. Si vous avez eu le temps de retirer les pépins avec un cure-dents, laissez vos fruits dans la gelée, c'est la confiture de Bar ; replacez vos pots sur une plaque et à l'étuve, une heure suffit.

Les fraises peuvent être préparées de la même manière, ainsi que les framboises, mais faites-en toujours une petite quantité et vous irez plus vite.

Gelée de coings

Prenez une quantité déterminée de coings avant leur maturité, enlevez le duvet avec un torchon un peu dur. Servez-vous d'un couteau à dessert à lame d'argent pour les couper en huit morceaux ; supprimez les pépins, parce qu'ils colorent trop la gelée. A mesure que vous les coupez, placez vos tranches dans de l'eau, juste la quantité pour quelles trempent à peine. Ayez à l'avance exprimé le jus de trois citrons ou plus suivant la quantité. Placez votre fruit dans une bassine, la plus grande propreté est exigible, même il m'arrivait très-souvent que je la fabriquais dans un grand poêlon d'argent et elle était beaucoup plus claire. Nous conseillons donc de se procurer une bassine d'argent si cela est possible. Mettez votre fruit sur un feu vif avec l'eau citronnée ; mais il faut que le fruit ne soit que juste couvert d'eau. Une fois cuit, versez le tout dans un tamis sur une terrine, laisser couler le jus de lui-même sans presser votre marc. Ajoutez livre pour livre et cuisez à la nappe comme les autres gelées et mettez à l'étuve une heure et demie ; si vous voulez vous pouvez la colorer avec un peu de carmin breton, cela est facultatif. Avec votre marc qui est resté sur le tamis, vous pouvez en faire une marmelade en y joignant livre pour livre de sucre et terminer comme les marmelades ordinaires.

Gelée de Pommes

Procurez-vous un nombre de pommes de reinettes blanches, pour la gelée celle-là sont les meilleures, la grise a besoin d'être pelée.

Opérez comme pour la gelée de coings. Dans la cuisson vous pouvez ajouter le jus de plusieurs oranges, cela est facultatif. Donc vous vous procurez par le même système employé pour les coings une quantité de suc de pommes et vous mettez poids pour poids de sucre et vous finissez l'opération comme pour les coings, c'est-à-dire cuisez votre gelée à la nappe, chauffez bien vos pots à l'étuve, et versez votre gelée dedans, remettez-les à l'étuve une heure, cela suffit.

Gelée d'abricots

Procurez-vous une quantité d'abricots et le plus de pelure que possible joignez-les avec vos fruits dans votre bassine, couvrez le tout avec de l'eau et faites les bouillir dix minutes, versez le contenu de votre bassine dans un tamis sur une terrine, filtrez le jus chaud à la flanelle, pressez dans le jus trois oranges et deux citrons, livre pour livre et cuire à la nappe. Versez toujours vos gelées dans des pots chauds, une heure à l'étuve et laissez refroidir, puis couvrez vos pots.

Confiture de cerises entières

Procurez-vous un poids juste de cerises de Montmorency. Après leur avoir retiré les noyaux et les queues, pesez livre de sucre pour livre de cerises. Divisez votre sucre en trois parts égales, mettez dans votre bassine la première partie de votre sucre, mouillez-la dans la proportion de 1/2 litre d'eau par kilog de sucre, cuisez cette partie jusqu'au moment où en trempant votre doigt dedans et le retrempant dans de l'eau froide, vous puissiez en faire une boule avec ce qui reste attaché à votre doigt. Cette cuite s'appelle au boulet.

A ce moment, précipitez vos cerises dedans, faites lever un bouillon couvert, versez le tout dans une terrine et laissez reposer six heures, reversez sur un tamis placé sur votre bassine, laissez égouter, ajoutez au jus la deuxième partie de votre sucre, au premier bouillon, remettez vos cerises, laissez encore lever un bouillon couvert, reversez dans la terrine, six heures ou plus après, replacez votre tamis sur votre bassine, versez encore et laissez égoutter. Joignez la troisième et dernière partie du sucre au jus, encore un bouillon, puis prenez autant de litres de jus de groseilles que vous aurez de fois quatre kilogs, versez ce jus dans votre bassine ainsi que vos cerises, et faites cuire à la nappe et en pots.

Fraises

Les fraises ricards et les fraises ananas sont celles que nous conseillons d'employer.

Ayez-en une quantité, nettoyez-les et mettez une livre et quart de sucre en poudre par livre de fruit. Transvasez-les plusieurs fois d'une terrine dans une autre, laissez-les plusieurs heures à la cave ou dans un lieu frais. Versez dessus 150 grammes de jus de groseilles blanche par livre de fruit, placez le tout sur un feu modéré et cuisez à la nappe, versez le tout dans une terrine, laissez refroidir à moitié et mettez en pots, placez si cela vous est possible toutes vos gelées et confitures à l'étuve pendant une heure et demie et laissez refroidir, évitez les courants d'air.

Framboises

Prenez une quantité de framboises pas trop mûres, pesez-les et mettez livre pour livre de sucre et de fruit. Cuisez votre sucre au cassé, versez vos framboises dans le sucre, laissez dissoudre le sucre. Cinq minutes suffisent, après quoi vous cuisez votre confiture à la nappe et la versez sur un tamis. Placez sur une terrine, mettez en pots.

Vous pouvez également laisser les framboises entières, mais il faut leur donner deux façons comme pour les cerises ; joignez toujours du jus de groseilles, comme pour les fraises.

Marmelades

L'abricot, les prunes, la pêche, les poires et les pommes se confectionnent de la même manière, l'exemple ci-après leur est applicable.

EXEMPLE. — Ayez une quantité de fruits auxquels vous retirez les noyaux et les queues que vous placerez dans une terrine de grès. Ceci fait, versez tous vos fruits dans une bassine avec un verre d'eau par quatre kilogs, faites crever vos fruits sur un feu modéré et en les remuant toujours, quand ils sont bien en marmelade, versez-les dans une terrine. Nettoyez bien votre bassine, pesez vos fruits et ajoutez 3/4 de sucre à la livre. La reine-claude bien mûre dans certaines années, une demi livre suffit. Votre sucre doit être en poudre grossière ou concassé par petits morceaux. Placez vos fruits crevés avec votre sucre dans votre bassine et sur un feu modéré, cuisez-les à la nappe ; vous reconnaîtrez quelle sera cuite aussi en en prenant entre le pouce et l'index et en les séparant, si elle forme un filet elle est cuite, toutes les marmelades se cuisent ainsi.

Brioche fine pour 15 à 20 personnes

PROPORTION. — 500 grammes de farine, 325 grammes de beurre, 7 à 8 œufs suivant la grosseur, 25 grammes de levure, 5 grammes de sel blanc fin.

Tamissez votre farine sur un marbre en été ou sur le tour en hiver, à une température modérée.

Prenez le quart de votre farine, ainsi que de votre levure et un peu d'eau tiède, faites une pâte un peu mollette mais ayant un peu de corps, laissez-le tranquille. Pendant qu'elle lèvera, vous aurez rassemblé toute votre farine, vous aurez fait une fontaine dans laquelle vous cassez vos œufs ; maniez bien votre beurre, ajoutez-le à vos œufs ainsi que votre sel, travaillez le tout et incorporez petit à petit votre farine, faites en sorte que votre pâte soit bien luisante et un peu plus ferme que votre levain. Alors vous commencez à fraiser votre pâte en la réunissant en motte comme du beurre, fermez le poing de la main droite, prenez une petite partie de votre pâte, poussez-la devant vous en l'écrasant sur votre marbre ou tour, changez de place toute votre pâte toujours en la poussant avec le talon et le poing fermés, faites trois fois la même opération, puis battez-la pendant quelques minutes pour lui donner du corps, rassemblez votre pâte, étalez par dessus votre levain, coupez votre pâte par petites parties avec les mains et placez devant vous toutes ces parties de pâte. Une fois tout réuni, vous recommencez encore deux fois la même opération. Voilà votre brioche terminée. Saupoudrez de farine une terrine, prenez par morceaux votre pâte et placez-la dans votre terrine, couvrez-la avec un linge et attendez quelle soit bien levée et quelle soit double de son volume et très-légère. Cela peut vous demander plusieurs heures. Après quoi, vous ramenez la pâte en la travaillant modérément à un corps semblable au moment où vous la placez dans votre terrine la première fois, remettez votre pâte dans la terrine, placez-la à la cave deux heures, pendant ce temps chauffez votre four qui doit être très chaud et que l'on laisse un peu tomber. Vous reprenez votre pâte en renversant votre terrine sur le tour, farinez légèrement et vous moulez votre brioche en la tournant. Placez votre pâte ainsi tournée dans un moule à brioche haut et unis. Vous reverserez un peu de pâte que vous tournez en forme de cervelas. Une fois votre brioche moulée, avec des ciseaux mouillés vous fendez d'un seul coup le dessus de votre brioche et introduisez la tête ; dorez le dessus légèrement avec un jaune d'œuf et cuisez votre brioche, si le dessus se colore trop, graissez une feuille de papier et placez-la dessus.

Surveillez la cuisson et quand vous piquerez votre brioche avec une brochette, pour voir si elle est cuite, il faudra que la brochette sorte bien sèche de la brioche.

Savarin ou Baba pour 15 personnes.

Farine 188 grammes, beurre 75 grammes, sucre 25 grammes, 5 œufs gros, levure 18 grammes, 1 décilitre de crème double et douce, 1 grain de sel et zeste haché très-fin.

TRAVAIL. — Prenez une sébile en bois ou une terrine. Tamisez votre farine, partagez-la en quatre parts égales, inclinez votre terrine et avec le quart de la farine faites votre levain avec votre crème ou lait tiède. Faites que votre pâte soit mollette, saupoudrez un peu de farine par dessus, placez votre levain à un endroit d'une température élevée ou à l'étuve. Quand votre levain est doublé, alors vous cassez deux de vos œufs et faites une pâte en incorporant le reste de votre farine au levain et aux œufs, travaillez bien cette pâte pendant dix minutes et incorporez-lui en la travaillant le reste de vos œufs et votre beurre par petites parties à la fois. Une fois que toute votre composition est dans la terrine et que votre pâte a déjà du corps, vous la travaillez encore un bon quart d'heure, alors elle est luisante et vous pouvez avec votre spatule l'enlever facilement des parois de la terrine ; graissez alors votre moule semblable à celui représenté à la planche n° 5, moules à pâtisserie, emplissez alors votre moule aux deux tiers, mais par partie avec une grande cuillère ou par petite partie et à la main. Laissez lever à l'étuve et mélangez trente grammes d'amandes émondées et effilées dans votre pâte ; quand le moule sera plein, rehaussez les parois avec une feuille de papier beurrée et cuisez à four modéré.

Le baba est exactement la même pâte ; au lieu d'amandes, mettez dedans des raisins de malaga ou autres, mais pas d'amandes. Surveillez bien la cuisson et sitôt cuit, en le démoulant, vous aurez un demi litre de punch chaud presque bouillant, trempez-le dedans et placez-le sur une grille, faites lui absorber le peu de punch qui pourra vous rester. On peut aussi verser dessus du fondant liquide parfumé à volonté, soit kirsch ou rhum.

Nota. — Si vous avez un moule à gradins dans le genre représenté à la planche n° 5, une fois cuits vous montez vos gâteaux les uns sur les autres et vous le décorez au cornet avec du fondant ou de la crème moka ou du beurre, sucrez avec de la glace de sucre, passez au tambour et colorez.

Biscuits et Génoise

Le travail des biscuits est la base de bien des petits-fours, il faudra donc y apporter la plus grande attention.

Pour faire des biscuits, il faut mettre de douze à seize œufs à la livre.

Exemple. — 1 livre de sucre en poudre tamisé, 3/4 de farine tamisée à part, 16 œufs ou 12, cela à votre volonté.

Prenez une bassine ou une terrine, placez dedans quatre jaunes d'œufs, travaillez bien pendant un quart d'heure. Ajoutez après encore quatre jaunes d'œufs, retravaillez et battez bien votre pâte avec une spatule pendant dix minutes, après quoi vous remettez quatre œufs et ainsi de suite jusqu'à ce que vos jaunes soient bien incorporés à votre sucre et que le tout forme une pâte bien lisse, fine et blanche. Faites travailler votre pâte par une personne et vous pendant ce temps fouettez en neige vos blancs d'œufs très-ferme et sans s'arrêter un seul instant ; quand vous voyez que vos blancs vont être à point, vous faites mélanger la farine au jaune et au sucre en pâte. Si elle est trop épaisse, vous ajoutez quelques gouttes d'eau et mélangez bien ; alors vous arrêtez de fouetter vos blancs et saisissez la spatule, vous faites verser votre pâte dedans et opérez le mélange sans battre mais en mélangeant très-légèment. Une fois la pâte unie aux blancs, vous avez une poche avec douille, emplissez votre poche de votre pâte puis couchez vos biscuits d'une longueur de dix centimètres et vivement sur des feuilles de papier. Une fois tous vos biscuits couchés, alors vous les saupoudrez avec de la glace de sucre en poudre passée au tambour, après quoi vous cuisez vos biscuits à four tombé, car il ne faut pas que les biscuits soient trop colorés.

La génoise se fait comme les biscuits, plus cent grammes d'amandes hachées par livre de sucre.

Aussitôt que vous avez votre pâte à biscuits prête, c'est-à-dire comme si vous alliez la couler, incorporez dedans une demi-livre de beurre fondu à blanc, c'est-à-dire sur un bol d'eau bouillante placé à la bouche du four, le beurre se fondra et restera à la surface, inclinez le bol et soufflez le beurre dans votre pâte mélangée.

Vous avez une ou plusieurs plaques à génoises garnies de papier beurré. Versez votre génoise dedans, faites que votre plaque ne soit pleine qu'au deux tiers et cuisez à four tombé comme les biscuits.

Beaucoup de pâtissiers battent leur génoise sur le feu, mais il faut être très sûr de soi-même et ce n'est qu'après une certaine pratique que l'on peut se hasarder à faire ce travail. Pour moi le résultat est tout à fait le même.

Langues de chats à l'eau d'oranger ou vanille en poudre

1/2 livre de sucre en poudre, 10 onces de farine, 1/4 de beurre fondu blanc, 1/4 d'amandes pilées et tamisées, 5 œufs entiers, 2 décilitres de crème double.

Mettre le tout ensemble dans une terrine, bien travailler votre pâte, la tenir molle et coucher vos langues de chats sur une plaque beurrée et cuisez dans un four un peu chaud.

Pâte à choux pour duchesses, éclairs ou profidrolles

PROPORTION EXACTE. — 250 grammes d'eau froide, 30 grammes de sucre en poudre, une pincée de sel, 65 grammes de beurre, 125 grammes de farine, 3 œufs gros ou 4 petits.

Prenez une casserolle, mettez le tout dedans, excepté la farine et les œufs, tamisez votre farine sur une feuille de papier.

Placez la casserolle sur un feu modéré; au moment où vous voyez que le premier bouillon va lever, précipitez votre farine dedans et travaillez bien votre pâte avec une spatule jusqu'au moment où la pâte ne tiendra plus à la casserolle, alors retirez de dessus le feu et incorporez-lui vos œufs un à un, toujours en travaillant bien votre pâte. Avant de mettre le dernier, jugez de la consistance de votre pâte, car il faut quelle soit plutôt ferme que molle. Coulez votre pâte suivant la forme que vous désirez et cuisez vos plaques à four chaud.

Garnissez vos choux ou duchesses avec de la crème fouettée vanillée, et saupoudrez de sucre en poudre ou glacez au fondant ou à la glace royale (qui est composée de sucre passé au tamis de soie et de blancs d'œufs bien battus), parfumez et glacez.

Crème moka

250 grammes de sucre en poudre, 8 jaunes d'œufs, 1/5 de litre de café fort, 1/2 livre de beurre dont, 100 grammes fondu à blanc.

Prenez une casserolle, mettez dedans sucre, café et vos jaunes d'œufs, mettez le tout sur un feu très-doux ou au bain-marie, remuez toujours et faites épaissir comme du miel épais, mais ne pas faire bouillir, passez le tout au tamis sur une terrine et fouettez bien en ajoutant votre beurre par petits morceaux. Une fois froid, vos cent grammes de beurre fondu ajoutés et fouettés, rendront votre crème lisse et ferme. Placez à la cave pour vous servir au besoin.

Vous avez des plaques de génoises cuites à point : coupez en plusieurs tranches carrées ou rondes, placez d'abord sur une grille un morceau de génoise égalisée, après une couche de crème fouettée sucrée et parfumée (vanille, gelée de groseilles ou marmelade d'abricots), placez sur cette première couche un deuxième rang de génoise, et ainsi de suite, en intercalant génoise et crème fouettée. Une fois votre pièce montée à la hauteur voulue, vous prenez votre crème moka et en placez autour une couche régulière. Une fois votre gâteau bien couvert de crème, vous mélangez pistaches, amandes et sucre en grains, que vous parsemez sur la crème moka. Vous avez une douille cannelée avec une poche et vous décorez à votre goût le dessus et servez comme entremet.

Crème pâtissière

1/2 litre lait, 60 grammes de farine, 1/2 livre de sucre, 9 jaunes d'œufs et de la vanille.

Opérez avec ce mélange, toujours en remuant dans une casserolle, une espèce de bouillie, passez au tamis dans une terrine et quelques coups de fouet; c'est avec quoi l'on garnit l'intérieur des éclairs. Une certaine quantité de crème pâtissière légèrement mélangée avec de la crème fouettée sert à garnir les Saint-Honoré ; faites un four en pâte brisée de forme ronde, couchez une bordure de pâte à choux et quelques petits choux ronds, cuisez le tout et garnissez l'intérieur avec votre crème.

Massepains ou macarons de Nancy, ou pâte d'amandes pour dessert

PROPORTION. — Pour 30 massepains ou 40 au plus. — Amandes émondées 188 grammes, sucre 312 grammes, 3 blancs d'œufs.

Pilez vos amandes bien fines et ajoutez de temps en temps un blanc d'œuf, car le jaune ne peut pas être employé ; votre blanc d'œuf empêche vos amandes de tourner en huile en les pilant. Une fois vos amandes bien pilées, ajoutez le sucre en poudre et travaillez bien votre pâte, laissez-la reposer un instant. Prenez un bol d'eau froide, mouillez légèrement vos mains, saisissez un peu de votre pâte comme une petite noix, formez-en une boule que vous placerez sur une feuille de papier ; quand elles seront toutes mouillées, mettez-les sur plaque, saupoudrez-les avec un peu de sucre en poudre et attendez que le sucre soit fondu, puis cuisez dans un four presque éteint. Sitôt cuites et de belle couleur, défournez-les et sitôt froides retournez votre feuille de papier sans dessus dessous, mouillez-la avec de l'eau et un pinceau, les massepains se détacheront facilement, et tenez en lieu sec.

Méringue italienne pour biscuits vanille, café, citron ou framboises

Il faut peser 1/4 de sucre par blanc d'œuf que l'on veut travailler.

EXEMPLE. — Le four doit être peu chaud. — 4 blancs d'œufs, 500 grammes de sucre en morceaux.

Placez le sucre dans un poêlon, cuisez-le en le mouillant légèrement jusqu'à la nappe. Aussitôt retirez-le du feu et battez vos blancs d'œufs ; sitôt ceux-ci battus en neige ferme, faites vous filer le sucre par quelqu'un dans vos blancs, opérez le mélange très légèrement et sans fouetter, couchez à la poche ou à la cuillère. Imitez les biscuits après les avoir parfumés suivant votre goût. Une fois cuits, tenez à l'étuve.

Biscuit de Reims pouvant être cuit dans un seul moule pouvant servir pour 15 personnes

250 grammes d'œufs entiers pesés avec leurs coquilles, 280 grammes de sucre en poudre, 240 grammes de farine gruau, 20 grammes de fécule de pommes de terre, 5 grammes carbonate d'ammoniaque en poudre.

Procédé. — Mettre le sucre dans une terrine avec la carbonate. Commencez par mélanger le tout, cassez et ajoutez un œuf, travaillez bien votre pâte un quart d'heure, sans arrêter, ajoutez encore un œuf et travaillez encore dix minutes, après ajoutez un œuf tous les cinq minutes, une fois le dernier mis, travaillez encore dix minutes, alors vous avez mélangé la farine et la fécule en les tamisant deux fois ensemble, incorporez-le légèrement dans votre pâte et remuez avec attention. Après vous beurrez un moule à biscuit, versez dedans votre composition, cuisez à four chaud ; quand il est cuit vous pouvez le glacer soit au fondant ou à la glace royale, vous pouvez ajouter dedans quelques amandes hachées.

Nota. — Si vous ajoutez un quart de beurre dans la composition ci-dessus, cette pâte pourra s'appeler pâte à madeleines et être moulée dans des moules qui les représentent, elles ont une renommée très-méritée.

Nougat

Pour faire le nougat, il faut avoir soin que les amandes soient bien émondées, rafraichies, effilées ou hachées et passées au tamis crible. Ceci une fois fait, vous placez vos amandes à l'entrée d'un four, vous leur faites prendre une belle couleur blanche. Pesez trois quarts d'amandes, alors ne mettez que trois cents grammes de sucre en poudre dans un poëlon sans eau et remuez bien votre sucre. Une fois le poëlon sur un feu modéré, sitôt que votre sucre sera fondu, comme vous avez vos amandes chaudes et colorées, versez-les dans votre sucre, opérez le mélange à la bouche du four et après dressez votre nougat suivant la forme que vous voulez lui donner. Sitôt dressé, mettez-le sous un globe ou dans une boîte fermée, glacez des fruits, comme des oranges ou autres, et décorez votre nougat avec goût.

Une certaine pratique est nécessaire, mais on arrive facilement à faire des corbeilles ou paniers.

TABLE DES MATIÈRES

	Pages
Abricotine	17
Asperges en glace (imitation d')	17
Baba	44
Bavaroise et leur composition	25
Id. au chocolat	25
Biscuit glacé à la vanille	15
Biscuits (pâte à)	45
Biscuits de Reims	49
Bombes	14
Bombe espagnole	18
Brésilienne	18
Brioche	43
Café glacé	22
Caramels fondants	30
Cerises glacées au cassé	30
Charlotte glacée	16
Choux (pâte à)	46
Chocolat glacé	23
Id. pour soirée	27
Comtesse-Marie	15
Compotes d'ananas au vin de Champagne	24
Compotes et jus (conservation des)	33
Confitures de cerises entières	41
Id. de fraises	42
Id. de framboises	42
Conserves d'ananas pour glaces	34
Id. de coings	34
Id. de fraises	35
Crêmes (description et règle générale)	3
Crême moka	47
Id. pâtissière	47
Id. plombière	16
Dame-Blanche	16
Fondant	31

	Pages
Fruits (blanchissage, reverdissage, préparation des Mirabelles, abricots, pêches, poires, cerises, framboises et fraises ou groseilles égrenées	35
Fromages glacés	14
Gaufres ou gaufrettes	8
Gelées alcooliques avec fruits naturels ou confits	19
Gelée de groseilles	39
Id. de coings	40
Id. de pommes	40
Id. d'abricots	41
Génoise	45
Glaces aux crêmes	3
Id. aux amandes pralinées	4
Id. à la noisette ou à l'aveline	5
Id. au chocolat	5
Id. au café	6
Id. aux fruits	9
Id. aux abricots	10
Id. aux pêches	10
Id. aux mandarines	10
Id. à l'ananas	11
Id. aux cerises	11
Id. au citron	11
Id. à l'orange	11
Id. aux fraises	12
Id. à la groseille	13
Glace vénitienne	25
Id. royale	31
Granités	21
Grog américain	26
Langues de chat	46
Maltaise	18
Marmelades	42

Massepain	48
Médicis	17
Melon glacé	13
Meringue italienne	48
Micali	19
Nelusko	19
Nougat	49
Oranges glacées	12
Id. Id. au cassé	30
Parfait au café	6
Pudding Choiseul	17
Punch chaud	20
Savarin	

Sorbets	21
Id. marquise au Champagne . .	23
Id. Id. à l'ananas . . .	23
Id. Id. au marasquin, à l'anisette ou à la chartreuse	24
Sirops (base de tous les)	27
Sirop simple ou sirop de sucre . . .	27
Id. de gomme	27
Id. d'orgeat	28
Sucre (cuisson du)	29
Vin chaud	26

Plancha nº 1.

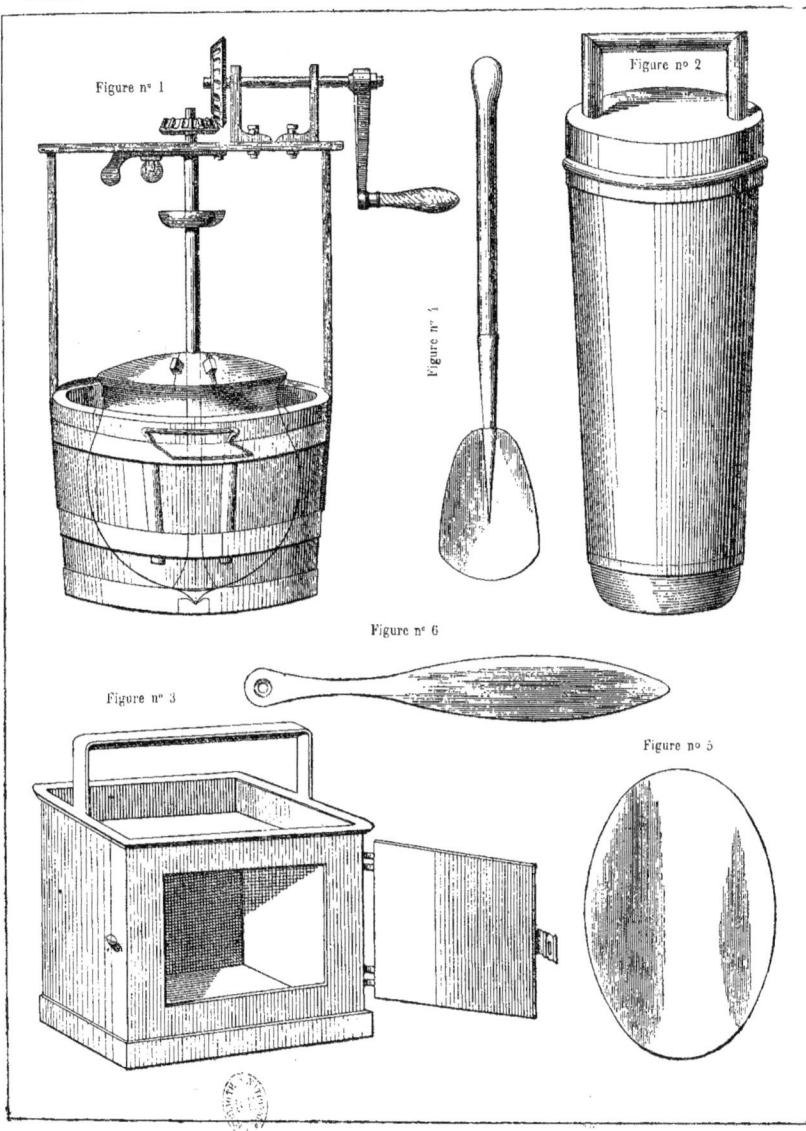

Planche n° 2.

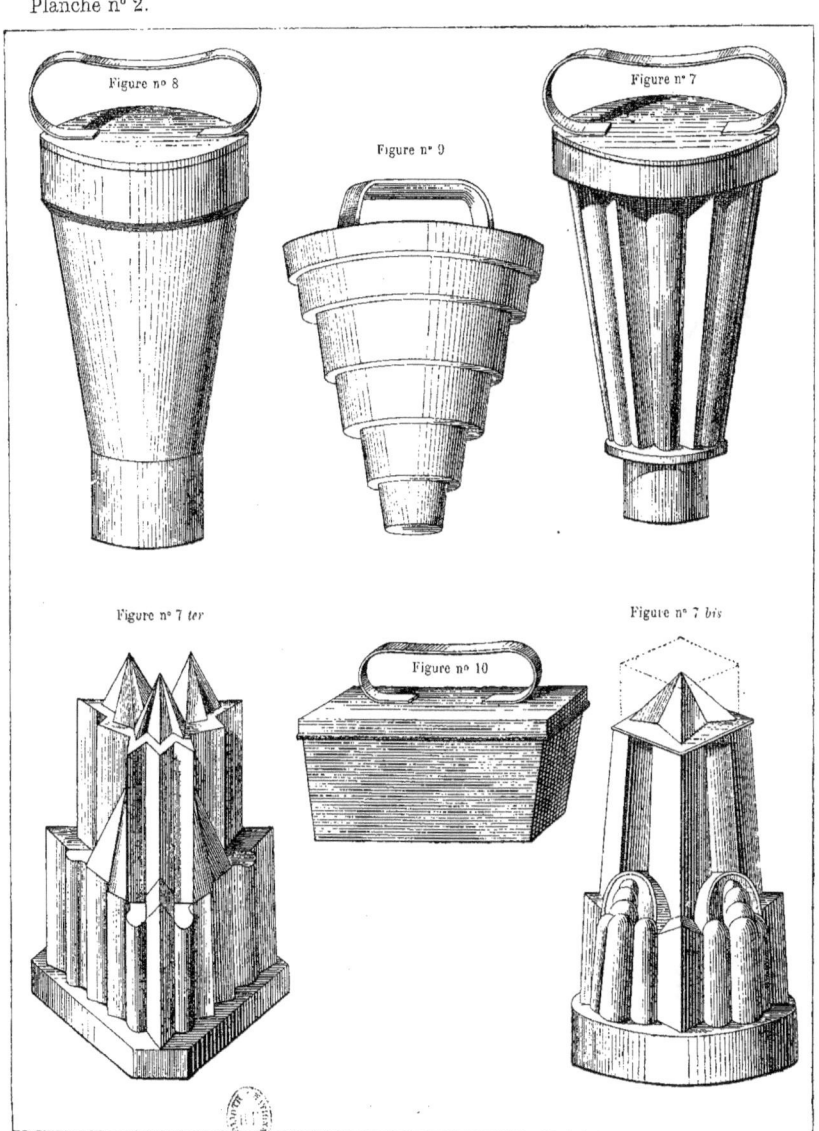

Planche n° 3.

Planche nº 4.

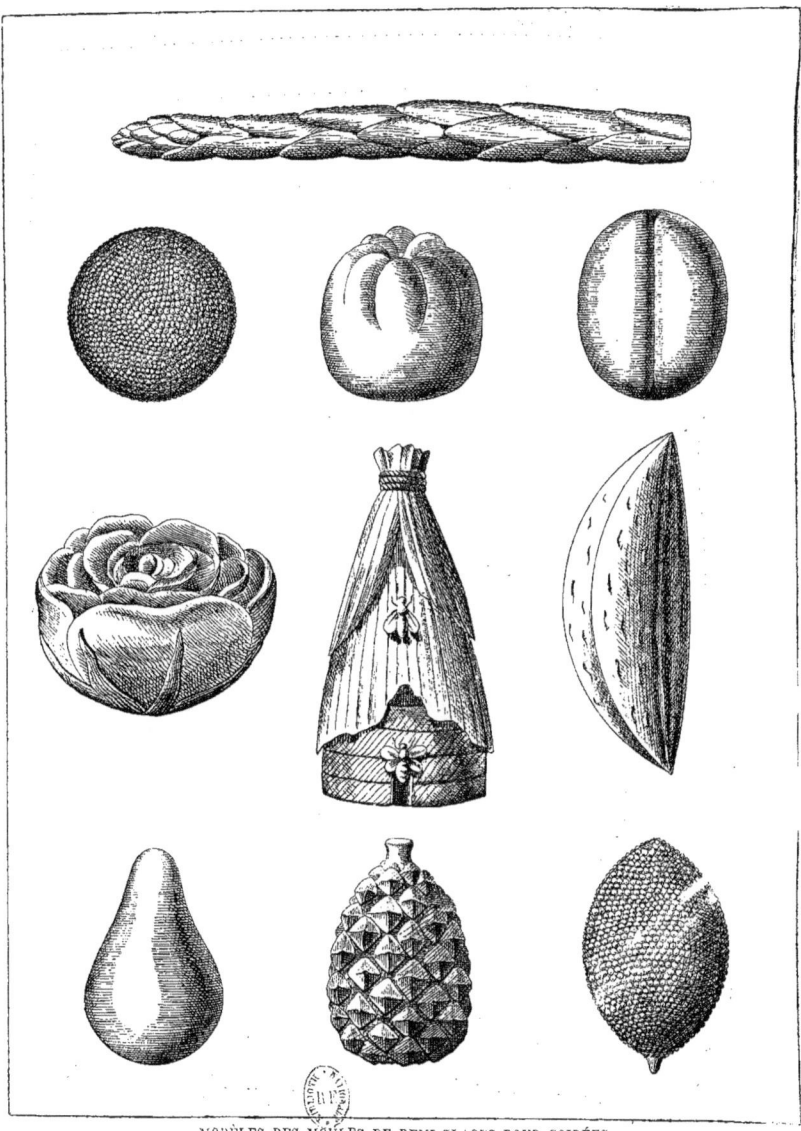

MODÈLES DES MOULES DE DEMI-GLACES POUR SOIRÉES

Planche n° 5.

MOULES A PIÈCES MONTÉES, POUR NOUGATS, BRETONS ET BISCUITS DE SAVOIE.

MAISONS RECOMMANDÉES

Encouragés par plusieurs négociants dans notre œuvre, il est de notre devoir de vous les signaler, et de vous engager à ne rien acheter sans vous être rendu compte de la supériorité de leurs marchandises.

C'est donc, Chers Lecteurs, un appel que nous vous adressons, et plus encore un devoir pour nous, comme pour tous ceux d'entre vous qui sauront comprendre l'utilité de notre livre, de donner la préférence aux maisons qui, par leur généreux concours, ont participé et nous ont facilité la publication de cet ouvrage, d'aller acheter ce dont nous aurons besoin chez elles.

Il suffira de leur dire que vous venez de notre part, et alors vous serez à même d'apprécier leurs sacrifices. Ces maisons, du reste, se recommandent par leur loyauté et le bon marché de tous leurs articles.

Parmi toutes ces maisons, Chers Lecteurs, il en est une qui mérite notre reconnaissance, et qui, pour notre classe, a fait un sacrifice dont nous lui serons toujours reconnaissants. Nous croyons de notre devoir de vous dire quel a été ce sacrifice. C'est de nous avoir permis et autorisés à reproduire tous les dessins qui sont contenus dans notre livre.

Donc, tout porteur d'un livre revêtu de notre signature saura apprécier les grands services que ces dessins sont à même de lui rendre. Service dont nous n'aurions pu vous faire profiter sans le désintéressement de la

MAISON MARIE LÉTANG

FABRICANT DE MOULES ET APPAREILS SPÉCIAUX POUR GLACIERS, PATISSIERS ET CONFISEURS

44, RUE MONTMORENCY, PARIS

A la Renommée des Volailles et Gibiers truffés

MAISON LOUIS

CLOUET G^DRE & SUCCESSEUR

16, PLACE DU HAVRE, 16

En face la gare St-Lazare (chemin de fer de l'Ouest)

PARIS

Maison de confiance. — Envois en province

132, BOULEVARD HAUSSMANN, A PARIS

MAISON ALFRED MARCHAL

FABRIQUE DE CHOCOLAT

Épicerie fine. — Parfums et Carmins
Conserves de Fruits

VINS FRANÇAIS ET ÉTRANGERS

RENOMMÉE DES MARRONS GLACÉS

DÉPOT DES JUS DE FRUITS POUR GLACES ET SIROPS

M. SALIN

Propriétaire du Château de Leyran

A VILLENAVE-D'ORNON, près BORDEAUX (Gironde)

VINS FINS ET ORDINAIRES

Écrire à Montargis, à M. HUBERT, représentant

RUE DE LOING, 86

17, Rue Neuve-des-Petits-Champs, à Paris

REINHARD

TAILLEUR

Recommandé par les Auteurs

Draperie haute nouveauté pour Pantalons et Gilets

43, RUE St ANDRÉ-DES-ARTS, 13

Édouard AMOUROUX

CHEMISIER

Recommandé par les Auteurs

96, RUE DE PROVENCE, 96

MAISON SAMY

CUISINE FRANÇAISE
ET SPÉCIALITÉ DE PLATS BRÉSILIENS

PRIX TRÈS MODÉRÉS

AVIS

Nous portons à la connaissance des Maîtres-d'Hôtel qui ne sont pas à même de se procurer de la glace à la campagne, de ne pas partir sans s'être munis de la **Glacière** brevetée s. g. d. g. de M. Léon CHERFILS, 24, rue Vivienne, et 15, place de la Bourse, à Paris.

Nota. La manière de s'en servir est démontrée gratuitement.

Le système est recommandé et approuvé par les auteurs.

FABRIQUE DE CAFETIÈRES ET DE GLACIÈRES

BREVETÉES S. G. D. G.

COMMISSION — EXPORTATION

Lustres, Suspensions de salles à manger, Lampes Jardinières suspendues, Flambeaux Pare-Étincelles, Garde-Feu, Appareils de billards Pendules, Veilleuses, Réveils-Matin

LÉON CHERFILS

24, rue Vivienne et place de la Bourse, 15

PARIS

AU PONT NEUF

GIROT Frères

Quai de la Mégisserie, 8 et 10. Paris

Entre le Pont-Neuf et le Pont-au-Change

SPÉCIALITÉ DE FOURNEAUX DE CUISINE EN FONTE
QUINCAILLERIE DE MÉNAGE

Fabrique spéciale de Gauffriers pour gauffres et gauffrettes

PASSAGE DU GRAND CERF

Maison n° 4, au deuxième

Ancienne Maison Georges KANEGUISERT

BOULLAY Sr

Facteur d'Accordéons et Harmoniflûtes

RÉPARATIONS EN TOUS GENRES

Spécialité pour Amateurs

Les **PÈSE-SIROPS** que nous recommandons dans notre livre se trouvent chez M. PLÉVOST, 21, rue Caumartin, à Paris.

M. Prévost en fera l'envoi à toute personne qui lui adressera 1 fr. 50 en timbres-poste.

Nous recommandons cette maison à tous nos lecteurs, dans le cas où ils auraient besoin des soins et des articles tenus par cette maison de confiance.

M. DÉRIVAUT, Dentiste

PROFESSEUR DE L'ART DENTAIRE

134, RUE DE RIVOLI, A PARIS

Au coin de la rue du Louvre

Nous recommandons à tous nos lecteurs cette maison de confiance, et le talent de M. Dérivaut sera justement apprécié par les personnes qui auront recours à sa grande capacité.

Nous recommandons aux Maîtres-d'hôtel, Valets de chambre et Argentiers soigneux, la **POUDRE A ARGENTERIE**, préparée par M. Victor DAGE, 34, rue de la Borde, à Paris. Avec cette Poudre, vous aurez toujours de l'argenterie superbe.

L'emploi d'une seule boîte vous prouvera la supériorité de cette Poudre sur toutes les autres.

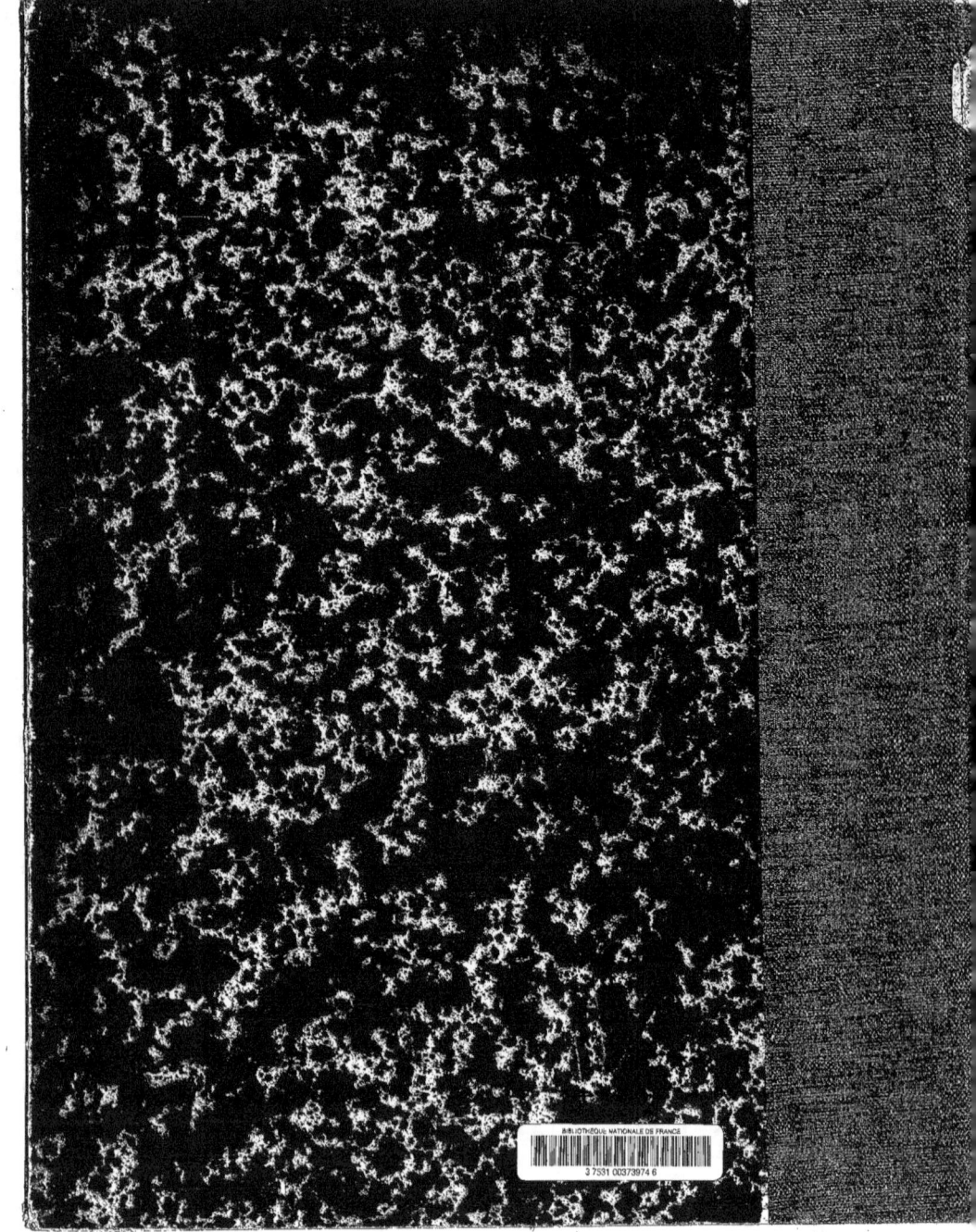

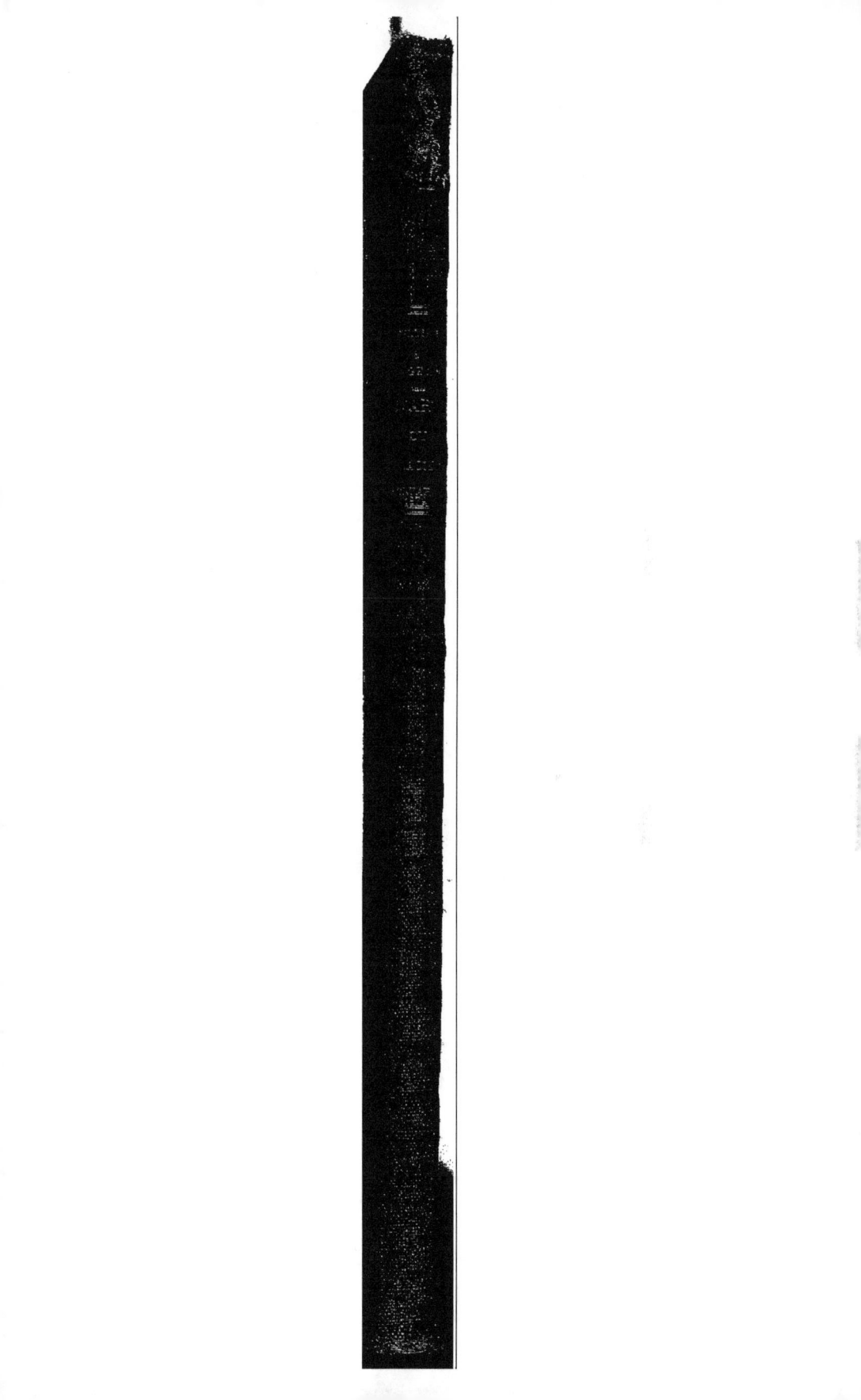

www.ingramcontent.com/pod-product-compliance
Lightning Source LLC
LaVergne TN
LVHW020946090426
835512LV00009B/1730